JN028276

プレップ
租税法 ［第4版］

佐藤英明

弘文堂

第4版はしがき

　本書は、「租税法」を初めて訪れる人たちのための「ガイドブック」として書かれたものです。

　もし、皆さんが、「今度の休みに神戸に旅行しよう」と友達に誘われたらどうしますか？

　「神戸ってどんなところなのかな」と迷ったら、まず『新修神戸市史』全16巻を図書館から借り出す、ということはなくて、「る〇ぶ」や「まっ〇る」などのガイドブックを立ち読みしたり、買ったりして一緒に行くかどうかのアタリをつけますよね。

　それと同じで、この本は「租税法」を勉強してみようかどうしようか、と迷っている人に「租税法ではこういうことを学ぶ」というあれやこれやをお見せすることを目的とした「ガイドブック」です。ガイドブックであって地図ではありませんから、教科書のように基本的な知識が体系的に詰め込まれているというのではなく、「租税法」の街をほてほてと歩いていると自然と目に入る「観光スポット」のような話題が、旅先を散歩しながらの雑談のように色々と広がっていく、という本を目指しました。現実に、本書のほぼ全部は登場人物たちの会話――雑談でできています。そして読者の皆さんは、この本で、租税法を学び始めた登場人物たちと一緒に4月から9月までの1学期間を過ごすうちに、「租税法」の街のあちらこちらを見て歩くことになるでしょう。

　このような意味で本書は「租税法の観光名所案内」であり、こ

の後、租税法を勉強する人たちにとっては、「0冊めに読む租税法の本」です。さらに、できの良いガイドブックが「ここに行きたい」と思わせるように、読者に租税法に興味を持ってもらうことができたならば、本書の目的は120％達成されたことになります。

　それから、これはよく言われることですが、何かの勉強を始める前に、この科目はどういう内容なのかを事前にザッと知っていると、実際に学び始めてからの学習の効率が飛躍的に向上します。そこで私は、この本を通じて、読者の皆さんに「租税法で何を学ぶか」と「何を学ばないか」をお伝えしたいと考えました。「税金」と聞くと、「無理矢理取られる」、「不公平」というようなマイナスのイメージを持ったり、「計算とかが面倒そう」と敬遠したりする人もいると思います。しかし、大学の「租税法」という科目は、私たちにも身近な各種の租税の仕組みや考え方を学ぶ科目であり、専門的な税金の計算をさせられる科目ではありません。そして、この科目を学習して租税の仕組みをしっかり学べば、税金に対するイメージも変わると思いますし、また、「租税法」という科目が決して税金計算の技術だけを扱う科目ではないことも分かってもらえると思います。本書はそのような「租税法」の勉強の、いわば予告編の役割を果たすはずです。

　ここまで読んで、「けっこう面白そうかも」と思って下さった方は、迷わずこのまま真っ直ぐにこの本をお店のレジに持って行って下さい。お財布の中の千円札は限りある資源です。レジに行

く途中に決して《文庫　今月の新刊》のコーナーに寄ったりしないように。

　まだ「どうしようかな」と迷っている方は続けて「あとがき」も読んでみて下さい。同じように悩んでいる登場人物たちに出会えます。

　早いもので、初版刊行から約14年が過ぎ、第3版刊行からも約5年が経ちました。その間、幸いにも本書は多くの読者の皆さんのご支持をいただけましたので、ここに第4版をお届けすることになりました。この第4版では、古くなった統計データや各種のリンク、および、参照している参考書のページ数などを新しいものにしたほか、説明が古くなっていた箇所をアップデートしました。本書はこれで、刊行時の最新版と言えます。

　本書の執筆にあたっては多くの方々のお世話になりました。初版の時と変わらない感謝を込めて、以下に謝辞を残しておきたいと思います。

　まず第1に、研究者としての生活を始めたとき以来の恩師である東京大学名誉教授金子宏先生に、これまでにいただいたご指導に対して、心よりの感謝を申し上げます。先生の暖かい励ましのお言葉がなければ、たぶん、私は本書の執筆を途中で投げ出していたと思います。

　2番目は、神戸大学に赴任して以来、16回にわたり（1994年度は1月半ばで中止）私が担当する「租税法」の授業を履修し、生

の声で、または授業評価アンケートなどを通じて、さまざまな反応を返して下さった各年度の受講生の皆さん。皆さんのご意見を反映させつつ授業で取り上げた話題や設例が、この本の基礎となっています。神戸大学法学部においては2005年度を最後に「租税法」（4単位）の授業は廃止され、その後私自身も神戸大学を去ることになりましたが、皆さんのおかげでこの本を書くことができました。ありがとうございます。

　3番目は、異例ですが、息子の英典。初版のときに、この本を「是非、書くべき」と強く勧めてくれたことと、現役中高生の目で原稿とゲラを読んで、少しでも分かりやすくなるように色々と指摘してくれたことにお礼を言いたい。また、その後の改訂作業でも、法科大学院で租税法の授業を履修した学生として、多くの有益なコメントをくれたことに感謝する。この第4版でも、29頁の写真撮影を含め、大いに協力してもらった。もちろん、この本の文章や内容が若い読者に分かりにくいとしたら、その責任はすべて、君にある。

　そして最後になりましたが、弘文堂編集部の北川陽子さんに感謝の言葉を申し上げたいと思います。『ケースブック租税法』、『租税法演習ノート』と、租税法教育のための出版に精力的に関わって下さった北川さんから本書の執筆を勧められるまで、私はこのような初学者向けの書物を執筆することをまったく考えたことがありませんでした。その意味で、北川さんは文字通り本書の「産みの親」であり、また、私のわがままにつきあって隅々まで気を使って本書を作って下さったという意味でも、北川さんなく

しては本書は成り立ち得ませんでした。ありがとうございました。

　なお、例によって「番外」ですが、いつも私の仕事を支えてくれるだけでなく、今回は「実質的な共著者」でもある妻のふじ子に、本書を贈ることにしたいと思います。

　　2021年2月　三田の研究室にて　　　　　　　　　佐藤　英明

目　次

本書の読み方・使い方について

　以下では、この本の著者として、本書をどのように読んでもらうことを想定しているか、また、本書を読み終わった後にさらに勉強するためにはどのような書物があるか、というような事がらについて、簡単に説明します。

(1)　最初は一気に読む

　「プロローグ」と第1講、第2講と第3講、第4講から第6講までは、それぞれ1日ずつ、計3日で読んでしまえる内容です。少し分量が多いように思えるかも知れませんが、読みやすい会話体ですから、何か「？」と思ったところがあっても、あまり立ち止まらずに、とにかく一気に読んで下さい。本書を読むのに最低限必要な法律の条文は引用してありますので、六法は必要ありません。また、各講につけている「考えてみよう」という設問などは、1回目は無視して大丈夫です。

(2)　二度目は少し考えながら読む

　「プロローグ」から第6講までを一通り読み終えて、「租税法ってなかなか面白い」と思った人は、「プロローグ」に戻って、今度は興味を引かれた内容に立ち止まったり、「考えてみよう」の設問を考えたりしながら、もう一度、第6講までを読み直すと、理解が深まります。今の段階で知っておいた方が良い初歩的な専門用語などの知識はあちこちに繰り返し出てきますので、2回目

を読み終わるころには無理なく覚えてしまっているはずです。また、問題を考えっぱなしでは気持ちが悪い、という読者のために、「考えてみよう」には巻末に簡単な「解答のてびき」を付けておきました。

(3)　「租税法流のアタマの使い方」とは？

　1回目にせよ2回目にせよ、第6講までを読み終わって、「租税法って何か平板な知識の羅列のようでつまらないな」と考えた人には、第7講から第9講までを読むことをお勧めします。「Ⅲ」に収めた3つは、第6講までよりも1講ずつの分量が多く、また、内容も少しだけ難しくなっているので、大学の3、4年生や法科大学院生でもこれまで租税法を勉強したことがない人だと、1日に1講ずつ読めば充分という程度には手応えがあると考えています。ここでは、代表的な問題を取り上げて「租税法ではどのような頭の使い方をするのか」ということを書いています。この3講は、今、無理に全部読んでしまわずに、とりあえずどれか1つだけ読んでみるという読み方もあります。

　そうではなくて、第6講までを読んで、「とりあえず租税法を勉強することにした」という人は、授業で関連する事項を勉強するときに、「Ⅲ」の各講を読むと理解が深まり、大学の授業での「ツッコミどころ」が分かります。

　また、戦後史や制度の沿革に興味がある人には、「エピローグ」がお勧めです。登場人物たちの恋の行方が気になる人も、是非読んで下さい。

⑷　気になるタイプの人は……

　この本に出てくるのは租税法の学習を続けていけば、必ず、きちんと勉強する事がらばかりですので、勉強を始めたばかりの今、書いてあることの全体像を完全に理解する必要はありません。しかし、「ここはどうしても気になるから、今すぐ調べたい」というときには、各講の最後につけている「気になったときのために」という文献案内を利用して下さい。この欄には、代表的な教科書類の参照箇所や、有益な情報が簡単に入手できるウェブサイトの情報を掲げています。今の段階では読むことが難しい専門書や専門の論文は紹介していません。本書で扱っているのはどの教科書でも扱われている事項ばかりですが、ここでは、租税法を全然知らない人が見るのにどの本が分かりやすいか、という観点から、論点ごとに、比較的読みやすいと思われるものを選んでみました。

⑸　文献の略称

　本文や「気になったときのために」の欄における文献の略称は以下の通りです。なお、判例集や雑誌の略称については、通常の例にならいました。

浅妻 = 酒井	浅妻章如・酒井貴子『租税法』（日本評論社・2020）
岡村ほか	岡村忠生・酒井貴子・田中晶国『租税法〔第2版〕』（有斐閣・2020）
金子	金子宏『租税法〔第23版〕』（弘文堂・2019）

清永	清永敬次『税法〔新装版〕』（ミネルヴァ書房・2013）
佐藤	佐藤英明『スタンダード所得税法〔第2版補正2版〕』（弘文堂・2020）
谷口	谷口勢津夫『税法基本講義〔第6版〕』（弘文堂・2018）
増井	増井良啓『租税法入門〔第2版〕』（有斐閣・2018）
演習ノート	佐藤英明編著『租税法演習ノート〜租税法を楽しむ21問〔第4版〕』（弘文堂・2021）
ケースブック	金子宏・佐藤英明・増井良啓・渋谷雅弘編著『ケースブック租税法〔第5版〕』（弘文堂・2017）
税法入門	金子宏・清永敬次・宮谷俊胤・畠山武道『税法入門〔第7版〕』（有斐閣・2016）
判例百選	水野忠恒・中里実・佐藤英明・増井良啓編『租税判例百選〔第7版〕』（有斐閣・2021）

⑹ これからの勉強のために

もっと本格的に租税法を勉強したいと考えた場合には、本書を読んだ後に、まずコンパクトな教科書で勉強することをお勧めします。中でも、⑸に挙げた**増井**は、「法形成過程」「所得区分の実践」「タックスプランニングの理論」などのユニークな章を含み、通読すると租税法の見取図が得られる好著で、本書に続けて読む本としてお勧めです。なお、**増井**は所得税・法人税を中心的に扱

った書物のため、この本で触れられていない、相続税・贈与税、消費税、国際租税法や手続法などをコンパクトに勉強したい場合には、**浅妻＝酒井**を読むことをお勧めします。他方、オーソドックスな体系をとるものとしては、(5)に挙げた**岡村ほか**や**税法入門**があります。**増井**と**岡村ほか**は、どちらもコラムが充実している点も魅力的です。

　なお、本書第6講にも説明されているように、しばしば改正が行なわれる租税法の分野では、少し古い本だと説明の内容が現行制度と異なることがあるので注意が必要です。図書館から借りて読むときには、版数や刊行年もチェックして下さい。

　このほか、税制に関する最新の解説・統計を知りたいときは、『図説　日本の税制〔令和○年版〕』（財経詳報社）という本が毎年刊行されていて有益ですが、一冊全部を読み通すのは少し退屈かも知れません。

　コンパクトな教科書類を卒業した後にどういう「基本書」や「判例教材」を読むかは、(5)に挙げたものを参考にしつつ、授業担当の先生方のご指示に従って下さい。

　最後に、どんな法律科目についても言えることですが、とりわけ平板な制度の理解に終わりやすい租税法の場合は、抽象的な条文などの知識を具体的な事例にあてはめて考えることが重要です。そういう勉強のためには、(5)で挙げた**演習ノート**があります。勉強して得た知識を事例にあてはめながら考える経験を積むと、租税法が一層、楽しめると思います。

プロローグ

授業科目ガイダンス
～「租税法」へのおさそい～

ここで学ぶこと
- ・租税法とはどのような法分野か
- ・租税法は私たちの生活とどのように関係しているか
- ・租税法を学ぶ意義は何か

・・

●●●●●●●●●●●●●●●●●●●●●●●●
喰わず嫌いの「租税法」？！
──租税法を学ぶ意義──
●●●●●●●●●●●●●●●●●●●●●●●●

　今日は前期学期の法学部選択科目ガイダンスの日です。会場となる階段教室に開始予定時刻の少し前に着くと、教室はもうほぼ一杯で、真ん中よりも後ろの方の良さそうな座席には2つ並んで空いているところがありません。しかたなく、前から3列目の中央、教壇に向かってやや左寄りの2席に座ることにしました（当然、前の2列にはだれも座っていません）。学生たちは春休み中会わなかった友人と久々のおしゃべりをしたり、知人をみつけて手を振ったり、スマートフォンに見入ったりとワイワイガヤガヤ、大忙しです。

　10時ちょうどに、教務委員の先生がマイクを手にされました。「定刻になりましたので、今年度前期の選択科目ガイダンスを開始します。これは本学部としては初めての試みですが、学生の皆さんはそれぞれの科目をご担当になる先生から授業の趣旨や受講の心構えなどをおうかがいして、履修する科目を決める参考にしていただきたいと思います。それでは、最初は『租税法』です。先生、よろしくお願いいたします。」

　租税法担当の教授が登壇されました。心なしかオドオドしていて、あがっているような様子です。

「え〜、私が今学期『租税法』を担当します。よろしくお願いいたします。通常、担当している授業は受講生がごく少人数でありまして、この階段教室一杯の皆さんに対してお話しするというのは、私の教員歴においても初めてのことであり、何と申しますか、非常にあがっているわけでありますが……。」

——「あがっている」というのは本当みたいね。

——うん、レジュメには最初が「自己紹介」と書いてあるのに、
　名前すら言い忘れてるもんね。

1　租税は何の役に立つか

「さて、それでは、租税法を学ぶ意義と私の担当する授業の目的などについて、簡単にお話ししたいと思います。

　まず、租税は国家の財政需要を満たす最も基本的な手段です。現代の福祉国家はその機能を果たすために莫大な資金を必要とするわけですが、他方で、国家自体は生産手段を持っていません。したがって、一定の資金を私的な経済セクターから国家へと移動させることが必要となり、租税はその中心的な手段であるわけです。このほかに現代の租税は、富というか経済力というか、そういうものの社会的偏在を修正する機能を有していたり、景気調整機能を期待されたり、一定の政策目的実現の手段として使われたりというようなことがあり、これらはまとめて『租税のマクロ的意義』と呼ぶことができます。しかし、租税法をこれから学ぼうという皆さんにこんなことをいくらお話ししても分かっていただけるはずはありませんから、この点はこれくらいにして次の話題

に進みます。」

2 租税法を知らないと危ない！

「ところで、皆さんが大金持ちで何億円も余ったお金があるのに、学生時代からの親友は脱サラして個人事業を始めたがうまくいかず、今、あと1,000万円ないと首が回らなくなる、というところまできてしまいました。そこで、あなた、その前から3列目の、はいそうです。あなただったらどうしますか？」

——（お手伝いの大学院生さんらしい人からワイヤレスマイクを受け取る。）はい、そんな無能な友人とは縁を切ります。

——ちょっと、あなたねぇ。

「……。もう、身重の奥さんに小さな子供と3人で一家無理心中するしかないというところまで追い込まれているんですよ。自殺されたら後味が悪いですよ、助けてあげましょうよ。」

——では1,000万円を3年間、無利子で貸してあげます。これでどうですか。

「う〜ん、そう言ったら、彼は『返すあてがないから』と借りてくれないとしたらどうですか？」

——分かりました、じゃあ、1,000万円あげます。贈与です。どうせ架空の話ですから、太っ腹に行きましょう。

「ありがとうございます。しかし、現実にそういう贈与をしたのでは、やはり少し先に一家4人で無理心中ですね。」

——1人増えてますけど？

「時間がたったことを示すために増やしました。」

――あ、もう１人産まれたわけですね。

「で、大事なのはどうしてそうなるか、です。あ、いや、どうして子供が産まれるかではなくて、**1,000万円を必要としている友人に1,000万円を贈与したのに、やはり行き詰まってしまうのはなぜか**、ということです。ここで税金が関係してきます。実は、現実に1,000万円の贈与を受けると、あなたの友人はその年分の贈与税として、231万円を翌年３月15日までに納付する義務を負いますから、結局これが払えなくなる、ということなんです。さて、どうしましょう？」

――1,231万円贈与したらどうですか？

「贈与額を増やしたらそれに対応して贈与税額も増えます。1,231万円の贈与だと329万4,500円の税金がかかりますから、まだ、98万4,500円不足します。というわけで、**友達を１回の贈与で本当に助けるためには、贈与税額を含めて1,410万円贈与してあげないといけない**ことになります。この場合、ちょうど、税額が410万円で彼の手もとに1,000万円が残ります。はい、ありがとうございました。

　それでは、別の例にしましょう。**皆さんの叔父さんが土地と預金を持っていて、子供――皆さんからいうと従兄弟――がいない**ので、預金は前から皆さんに丸々遺(のこ)してくれるという約束でした。そこで叔父さんが土地の方を環境ビジネスで頑張っている小さな会社に贈与する、と言い出したとします。この贈与は預金をもらう約束の皆さんにどのような影響を及ぼすでしょうか？

　そうですね、あなた。そのウルトラマンのお面を帽子被りにし

ておられる君……君ですよ、そのピンクとエメラルドグリーンの
シマシマのセーターを着ておられる、あなたです。」

学生A：（マイクを受け取ると、憮然として）これはウルトラマン
　　　のお面ではありません、ウルトラマンZのお面です。4月から
　　　特撮研を預かっている身としては、たとえ一般人の先生であっ
　　　ても、そういうことで間違えて欲しくないですね。

「大変失礼しました。特撮研究サークルの部長さんでしたか。そ
れでは改めて、そのウルトラマンZのお面を頭に載せておられる
あなた、今の質問はどう思われますか。」

部長：土地をもらった会社に贈与税がかかるだけで、僕の叔父さ
　　　んには特に関係ありませんから、土地も僕にくれればいいのに
　　　とかは思うでしょうけど、それ以上は、特に、何も。最初から
　　　もらう約束なのは預金だけですし。

「ちょっと待って下さい。会社は贈与税を払ったりしませんよ。」

部長：では、税金がかからないのですか？

「いいえ、それも違います。会社にかかるのは法人税です。贈与
税ではありません。」

部長：結局、税金がかかるなら、同じではないのですか。

「違います。あなたがたった今、お面のキャラクター名にこだわ
られたように、租税法の目から見ると、どういう税かということ
はトコトンこだわらなければならない点なのです。また、何税か
ということだけではなく、租税法のような技術性の強い法分野に
おいては**専門用語を正しく使うことも非常に大切**です。このこと
は租税法を勉強する場合には、常に念頭に置いておく必要がある

ことです。たとえば所得税法には『総所得金額』という用語と『課税総所得金額』という用語が使われていますが、この２つは同じ年に同じ人について何百万円も違うことだってあるのです。

　で、話を元に戻しますと、叔父さんの預金をもらう予定のあなたには叔父さんが土地を贈与するのは別に大した問題ではないと考えられるのですね？」

部長：はい。

「そうお考えになるのが自然です。しかし、現実にはそうではありません。法人に土地を寄付したことは所得税法上みなし譲渡にあたり、それによって叔父さんには所得税の納税義務が発生する可能性があります。その土地が昔、安く取得されて今の時価が高い、いわゆる含み益を持っているものである場合には、相当多額の税金を納めねばならなくなりますので、あなたがもらう予定の預金が結果的にずいぶん減ってしまうのです。」

部長：（絶句している。）

「税金の怖さが分かってきましたか？……」

──（部長からマイクをもぎ取って）先生、突然ですみません。でも、それってどう考えてもおかしいんじゃありませんか。憲法違反ですよ。

　　教室のあちこちから、
　　「また、あいつか。」
　　「こないだ法律相談部の幹事長を泣かせたって聞いたぞ。」
　　「他人の失敗を絶対忘れない『鬼の記憶力』だとか。」

というようなヒソヒソ声が聞こえます。

「具体的には憲法のどの条項に違反しますか？」

——憲法29条の定める財産権の保障に違反します。ほかに13条、
　幸福追求権、25条、生存権の規定にも違反します。

「(ニヤニヤしながら) 現行法だと個人が個人に土地を贈与しても
贈与者に譲渡所得課税はなされませんから、憲法14条違反もある
かも知れませんねえ。」

——憲法上の重要な論点だと思います。だって、本当におかしい
じゃないですか、その課税は。

「おっしゃることは分かります。しかし、これは解釈の余地がな
いほど簡単に所得税法の規定——所得税法59条1項1号——をあ
てはめた事例ですし、少なくとも最高裁は現行法の前身にあたる
規定について憲法違反の主張を退けています。また、理論的にも
この叔父さんへの課税は正当化できます。」

——それって、租税法を知らないと安心して取引ができないって
　ことですか？！

「そうです。私が言いたいこともそれです。少し表現を修正させ
ていただくならば、**現在において、ある経済取引から生じる租税
負担を予想することなく取引を行なうことは不可能か、または、
きわめて危険なこと**なのです。実は、遺産分割というような『経
済取引』とも言い難い人間の活動についても同じように言うこと
ができますから、本当はこの命題が妥当する範囲はもっと広いで
すね。

お顔を見れば、私が言っていることが不服なのはよく分かります。しかし、それが現実です。本体としての経済取引や遺産分割があって、それを法律にあてはめるといくらの所得税、相続税になるか分かる、と考えておられたのでしょう？　しかし、現実はそうではありません。1,000万円を必要としている友人を救うためには1,410万円贈与することを知らねばならないし、環境ビジネスに協力しつつ身内に迷惑をかけないためには、それなりの工夫がいるのです。そして、現在において租税法の網の目は非常に細かく広汎に張りめぐらされ、かつ、その負担は相当程度重いものですから、取引を行なう前にその取引から発生する租税負担を予測することはきわめて重要なことであり、その結果次第では経済取引そのものが成り立たないことだってありうるのです。」

──いくら租税法の網の目が細かいと言っても、わたしたちの生活すべてに関係しているわけではないですし……。

「租税法の網の目がどの程度張りめぐらされているかというと、そうですね、皆さんの多くはご両親に生活費を出してもらい、また、学費も出してもらって大学生活をおくっておられますよね。それに租税法が関わっていないと思っておられますか？　馬鹿々々しい！　親に生活費や学費を出してもらっても結果的に子に租税負担が生じていないのは、所得税法や相続税法にその旨の規定が置かれているからですよ。親に養ってもらうということが本質的に租税法から『フリー』な、つまりそれと本質的に無関係なわけではないのです。今の日本で、お金や物が動いて何らの租税法の規定にも関係しないということは、まず、ないと言ってよ

いでしょう。」

――……（黙ってマイクの電源をOFFにして机の上に置く）。

「いいですか、もっと大人になって下さい。民法典に書いてある
とおりに贈与ができて土地取引ができる社会なんて、どこにもな
いのです。そういうお子ちゃまの法律学からもう一歩、階段を昇
ってですね……。」

　　　ただならぬ雰囲気に壇上の先生が司会の方を見遣ると、司会の
　　　教務委員の先生が物凄い形相で壇上を睨んでおられるのが見えま
　　　した。そう、教務委員の先生は民法がご専門です。

「あ、あ、あ、ちょっと、今、説明に不穏当な表現がありました
ので、お詫びして削除し、より穏当な例で説明し直します。
　皆さんは高校で初歩の物理学の問題を解くときに『空気抵抗は
無視せよ』と注記してあったのを覚えておられるでしょう。たし

かに、原理原則を学ぶ基礎的なレベルでは、空気抵抗は無視して計算します。しかし、実際に物理学の知見を応用して航空機や自動車を設計するとなると、空気抵抗が無視できないのは、常識的にも分かりますよね。そういう場合には、空気抵抗を考慮して、航空機の機体や自動車のボディの形などが設計されるわけです。

　それと同じで、基本的な法律学の知識や考え方を学ぶ際には租税は無視されますが、現実の社会において、租税を無視して取引などを行なうことはできず、むしろ、取引の形式や内容が租税に対応して決められていくことすらあるのです。つまり、租税は私的取引の『空気抵抗』みたいものだと言えるでしょう。」

――「空気抵抗」か。

「で、私が申し上げたいことをまとめますと、現在のわが国の社会、あるいは同等の先進国において、　租税は私的経済取引を中心とする人の様々な活動に大きな影響を与えているという現実があるということです。これを租税のミクロ的意義、と呼んでおきたいと思います。」

――「マクロ的意義」と「ミクロ的意義」が対になっているワケね。

「ところで、今お話ししたような租税の『マクロ的意義』と『ミクロ的意義』にほぼ対応するような形で、大袈裟に言えば、租税法は"ジキル博士とハイド氏"的な二面性を持っています。ひとつは『正義の租税』をバックアップする法律という感じの性格で、租税は国家の財政需要を満たすものであるという意味で重要な公共性を持っている。だから、租税を払わずに済まそう、納めない

でおこうという行為は非難の対象となるし、そのような行為に対しては断固とした態度で臨むことになります。通常は用いないような私法上の取引などを使って納税義務の発生を回避してしまう**租税回避**や、本来は納税義務が発生しているのにそれを発生していないかのように見せかける**脱税**をめぐる議論や制度、また、納税義務をきちんと果たさない納税者に対して各種の**課税処分**によって税額を修正したり、**滞納処分**といって、税金が自主的に納付されない場合に国が強制徴収する手段を設けたりすることは、このような租税法の性格によるものと考えられます。この性格との関係では、あくまでも不当な税金逃れを許さないという方向においてですが、**租税負担の公平**という価値が重視されることになります。

　他方で、租税のミクロ的意義について議論したときに、さっきご指摘いただいた論点ですが、**租税は典型的な財産権の侵害**であって、それはいわば『人の懐に手を突っ込む』という感じを持っています。『収入というのは配偶者か税務署に知れたら価値が半分になる』という箴言を聞いたことがありますが、収入が税務署に知られずにいてよいかどうかは別論として、たしかに人の懐に無理矢理手を突っ込むことが許されるのは配偶者と租税だけなんですね。しかも配偶者というのは、まだ、その存在に自分の意思が関わっていますが、租税となると直接にそうとは思えません。

　とにかく、租税がそういう性格を持っているということに対応して、租税法は『租税の跋扈を許さない』、国家の課税権を縛って国民の権利を守るという性格の法律でもあります。この場面に

おいては各種の**適正手続の保障**に加え、実体面では、『**予測可能性の確保**』、平たく言えば、こういう取引をするとどのような税負担が生じるかがあらかじめ分かっているようにすること、が重要になってきます。このことは私の授業で再三再四、触れることになります。

　租税法がこのように"ジキルとハイド"のような二面的な性格を持っているということは、租税法を勉強する上で意外な障害になっているように思いますので、どんな法分野でも同じだと思いますが、租税法においても１つの原理でスパッと割り切ってしまえないところに難しさがある、ということを指摘しておきたいと思います。」

3 「空気抵抗」への対応─タックス・プランニング─

「さて、先ほどの「空気抵抗」のたとえ話と関連して、租税が財産権の侵害であって予測可能性の確保が重視されるということとの関係では、あくまで比喩的な意味ですが、租税法は人の行為規範としても働く側面があると言って良いかも知れません。すなわち同じ経済的成果を得るのに（ア）というやり方だと税金が重く、（イ）というやり方だと税金が軽いならば、ほとんどの人は（イ）というやり方でその取引を行なうでしょう。だって、人は１円だって税金を余分には払いたくないと思うものですから。

　たとえば、また贈与税の例をあげますと、婚姻期間が20年を超える配偶者に対して居住用不動産またはその取得のための金銭を贈与する場合には2,000万円の控除があります。つまり、2,000万

円までは贈与しても贈与税がかからないということです。このほかに贈与については1年あたり110万円の基礎控除があって、この部分にも贈与税がかかりませんから、この2,000万円控除を使える場合には1年間に合計で2,110万円までの贈与が非課税ということになります。このことを知っていれば結婚19年目に不動産取得資金2,110万円の贈与をする人は普通はいなくて、20年目以降に贈与をするということになるでしょう。このように租税法は人の行動に大きな影響を与えているのです。」

——（カチッ、とマイクのスイッチを入れると）先生、いったいどの程度、税額が違うのですか。たとえば結婚19年目に大きな危機を迎えた夫婦が、仲直りのために2人で住むマンションを買うことにして、その際に夫が妻に2,110万円の資金を贈与する場合、これから結婚生活を続けられるかどうかというのは、少しくらいのお金とは引換えにできないものではありませんか？
　「私のレジュメの2頁に贈与税の税率表をご紹介していると思いますが……（次頁）。」

——あれぇ、これミスプリだ。贈与税の税率なのに、「相続税法」って書いてある。贈与税の話なんだから、「贈与税法」の間違いだよね、きっと。

——千五百万円を超え三千万円以下の金額……百分の五十！
　2,110万円の贈与を受けるとその半分の1,055万円も税金を払わなければならないのですか!!
　「いえ、さっき言いましたように、まず2,110万円のうち110万円は基礎控除といって課税の対象から除かれます。したがって課税

【相続税法】
（贈与税の税率）
第二十一条の七　贈与税の額は、前二条の規定による控除後の課税価格を次の表の上欄に掲げる金額に区分してそれぞれの金額に同表の下欄に掲げる税率を乗じて計算した金額を合計した金額とする。

上欄	下欄
二百万円以下の金額	百分の十
二百万円を超え三百万円以下の金額	百分の十五
三百万円を超え四百万円以下の金額	百分の二十
四百万円を超え六百万円以下の金額	百分の三十
六百万円を超え千万円以下の金額	百分の四十
千万円を超え千五百万円以下の金額	百分の四十五
千五百万円を超え三千万円以下の金額	百分の五十
三千万円を超える金額	百分の五十五

対象になるのは2,000万円だけです。次に、条文をきちんと読めば分かりますが、この2,000万円のうち、最初の200万円までが『百分の十』、つまり10％の税率の適用があって税額が20万円、次に200万円を超えて300万円までの100万円について15％、つまり15万円、というように、課税対象を区切って税率を適用し、その結果を最後に足し合わせるというのが現行法のやり方です。これは**課税対象の額が段々大きくなるにしたがって適用される税率が高くなる累進税率**という考え方の中でも、**超過累進税率**というやり方です。これだと200万円分課税される贈与でも210万円分課税される贈与でも、最初の200万円に求められる税負担は同じでバランスが良い、というような特徴があります。このやり方でち

ょっと計算してみてもらえますか。

　ちなみに、贈与税は相続税と関係が深い税金なので、**相続税法の中に贈与税に関する規定が置かれています**。贈与税法という法律はありません。

　どうですか、答えが出ましたか。」

――（スマートフォンの電卓アプリを使って）750万円です。……たしかに大きな金額ですけど……。

「待って下さい。これまでのわが国で典型的だとされてきた、夫だけが所得を稼いで妻は家庭で家事をしている夫婦を考えましょう。夫Aが不動産取得資金2,110万円を妻Bに贈与したとします。それでBが750万円の贈与税額を期限までに納めたとすると、そのお金はいったいどこから出てきたのだと思いますか。」

――Bは専業主婦で収入がないわけですから、B名義の貯金がたくさんあったとかでなければ、Aが肩代わりして払ったというのが普通ではないでしょうか。

「そうですね、私もそうだと思います。しかし、もし、そうなら、不動産を贈与した次の年にAからBへの贈与税額相当額、つまり750万円の贈与があったことになりますから、今度は、基礎控除の110万円を引いた640万円が課税対象となります。その税額が……131万円ですか。」

――そしてBがそれを払うと、またAからの贈与になって……いったい、いつまでやればいいんですか？

「131万円から110万円を引くと21万円が課税対象で、税額は２万1,000円、これは基礎控除の110万円よりも少額ですから、ここま

でですね。

　750万円＋131万円＋２万1,000円＝883万1,000円

ですから、もともと2,110万円の贈与に対して３年間で約880万円の税金を支払うことになります。それが結婚後20年たってから贈与すれば、税額は０円です。したがって、差額は約880万円ということになります。それだけあれば、結構立派なリフォームができるのではないでしょうかね。」

	贈与される金額	課税される金額	贈与税額
1年目	2,110万円	2,000万円	750.0万円
2年目	750万円	640万円	131.0万円
3年目	131万円	21万円	2.1万円
計	2,991万円	2,661万円	883.1万円

──分かりました。相当大きな税負担であることは認めます。でも、結婚生活そのものには代えられないと考えるべきではないですか。

「逆に、夫婦で税務署という共通の敵を相手に、税金ができるだけ少なくなるように頑張って協力していたら、昔のように仲の良い夫婦に戻るということもあるかも知れませんよ。」

──先生、そんな……。

「分かっています。あなたのようにお考えになってもかまいません。たとえ莫大なお金であってもそれと引換えにできないものもあります。ですから、私がさきほど行為『規範』とまで言ったのは言いすぎだったかも知れません。しかし、この**税金という要素**

が人の行動に大きな影響を与えることがある、ということは認めていただけると思います。私が言いたいのはそのことです。何の話でしたか、アフリカのダチョウが人間に捕まりそうになると砂に頭を突っ込む、というのがありましたね。こちらから相手が見えない以上、相手からこちらが見えないはずだという理屈で。それで結局、捕まってしまう。」

――それって、『ドリトル先生の郵便局』に出てた話だ。

「それと同じで、いくら税金が気に入らないからといって、見ないふりをするのでは問題の解決にはならないということですよ。ダチョウ狩りの人が来たときに捕まりたくなければ、やはり逃げなくてはなりませんよね。

　そこで、租税に直面した、または、直面することが分かっている人は、租税と合理的に付き合うことを考えます――逃げて済むものでもありませんので。具体的には、ある取引などを行なうときにあらかじめ色々なやり方について発生する租税負担を計算しておき、もっとも租税負担が小さくなるやり方――時期や方法など――で取引などを行なうという行為が合理的なものとして考えられます。こういうことは現実に行なわれていて、これを**タックス・プランニング**と呼びます。今日、私の話を聞いて下さっている方のほとんどは、おそらくこれが租税法の話を聞く最後の機会になるでしょうから、最低限、この『タックス・プランニング』という言葉を覚えて帰って下さい。

　たとえば、さっきの友人を救うために現金を贈与するという例でも、一度に1,410万円を贈与するのではなく、とりあえず今、

1,000万円を贈与し、来年になってから税額分を贈与した後、さらにその翌年に前の年の贈与にかかる税額分を贈与する、というように贈与を分割すれば、贈与税額が減り、税金分を含め全部で1,243万1,000円を贈与すれば足りることになります。これは典型的なタックス・プランニングの例ですね。言い換えれば、『私的取引の空気抵抗である租税』に、私的取引の内容が対応した例でもあるわけです。」

——取引のやり方で、納める税額が変わるんだ。

　　ここで、司会の先生が卓上のベルを「チン」と鳴らしました。
　残り時間が少ないという合図のようです。

4　租税法の授業で何を学ぶか

「あ、時間がなくなりつつありますので、急いで最後の話題をご説明しておきます。

　今、租税法は比喩的な意味で行為規範としても働くと言いましたが、もちろん、租税法に本来的に期待されるのは裁判規範としての役割、すなわち、国と納税者との間に法的な紛争が生じた場合に、その解決のための規範として働くということであることは言うまでもありません。法学部生の皆さんとしては、何を当然のことを今さら言うのかとお思いでしょう。しかし、このことはそんなに自明のことではありません。

　そこでまた皆さんに考えていただきたいのですが、今日、このあと予定されている科目はどういうものですか。『労働法』『民事

執行法』『知的財産法』『経済法』などでしょうか。租税法やこれらの科目に関係する本を比較的大きな書店で探そうとするとどういうところにありますか？」

少し後ろの方から「はい」という高い澄んだ声が聞こえたのに釣られて振り返ると、何列か後ろの真ん中あたりの席で透けるように白い手があがっていました。

「あ、いや今のは修辞的な疑問文であって、もう時間もあまりありませんから……。」

白い手の主は先生の狼狽に全然お構いなく、すっくと立って、もう1本のワイヤレスマイクを持った大学院生さんに「早くマイクを渡しなさい」というような仕草をしています。その態度に気押されて院生さんがマイクを渡しました。

立ったのを見るとずば抜けて背が高い上に、雑誌から抜け出してきたようなファッションで、ひどくトゲトゲしい雰囲気が身のまわりに漂っていることを除けば、モデルで通用しそうな美女です。まわりの学生たちがざわめき始めました。

——あ、もしかしてツチノコ姫だ。

——（マイクに入らないように）誰よ、それ。

——あたしたちと同級生だけど、法学部に入学以来、「六法を学ぶには予備校の方が効率がよろしいですわ」とか言って、たまに大学に来るのは試験前に男の子たちからノートを貢がせると

きだけという伝説の人物。あれだけ派手なのに、ほとんど目撃されないから、ついたあだ名が「ツチノコ姫」。

——見かけた情報で5万円もらえるの？

——まさかね。

ツチノコ姫：簡単なご質問ですわ。わたくしの手もとの記録では、（とノートパソコンの画面をのぞき込む）先生が今おっしゃった法律科目の教科書や参考書は、大学生協さんの教科書売り場の奥側から2番目の棚に、

　　租税法、労働法、民事執行法、知的財産法、経済法

の順番で並んでいますわ。「教科書・参考書リスト」と突き合わせるためにスマホで撮ってこれに取り込んでおいた画像ですから、絶対、正確ですことよ。

「（事態の推移に呆然としつつ）……いや、そういうことではなくて……。」

——ぷっ、あはは、ははは、

ツチノコ姫：（笑う彼女をキッとにらんで）何がそんなに可笑しいんですの？

——だって、ははは、ははは、（涙を拭きながら）租税、労働、執行、知財って、このガイダンスも同じ順番だし、それ、履修登録の科目コードナンバー順じゃない。教科書売り場だもん、当然でしょ。それで何かイミあると思うわけ？

ツチノコ姫：！　だって、現実に書店の棚にそう並んでいたのですから……。

——（マイクのスイッチをONにして）先生、ガイダンスの下調べ

にと思ってわたしが本屋さんで探したときに、租税法の本だけは法律の棚になくて、そしたら一緒にいた先輩が「租税法の本は税務の棚で探すんだ」って教えてくれました。たしか、「簿記・会計」とかの並びだったと思います。

「おふたりともありがとうございます。大学生協の教科書売り場では法学部生が買う本ということで租税法も他の法律の本と一緒に置いてあるかと思いますが、今、おっしゃったように、一般の書店だと租税法の本は、法律のコーナーではなくて、『税務・会計・簿記』というようなグルーピングで置いてあることが多いと思います。腹立たしいことですが、これが『租税法』が社会でどのように扱われているかという現実を表しています。つまり、『法律』の一種だという認識が希薄なのですね。」

　　ここでまた、司会の先生が「チン、チン」と２回ベルを鳴らしました。時間終了です。

「すみません、急ぎましょう。次に、これは他の科目を勉強するときに皆さんがしばしば使われると思いますが**判例百選**のシリーズで少し前の『租税判例百選〔第４版〕』です。この本の『はしがき』の一部をちょっと読み上げてみます。

　　租税法そのものが実務的性格が強いこともあり、租税法すなわち実務の世界であり、実務と距離をおいた租税法理論が存在するとはおそらく考えられていなかったのではないかと思われる。そのなかで、納税者の権利意識の高まりを背景に、裁判例を素材と

して、租税法においても、理論的検討・分析が不可欠であるということを、租税関係者に知らしめたことは、「租税判例百選」〈第1版〉の大きな意義であったと思われる。

(『判例百選〔第4版〕』2頁)

『租税法すなわち実務の世界であり、実務と距離をおいた租税法理論が存在するとはおそらく考えられていなかったのではないか』というところに注意して下さい。『租税判例百選』の初版は1968年の刊行ですから、それから50年以上を経てだいぶん状況が変わってきたとはいえ、今のわが国の社会においては、租税法が客観的な法規範であるということは、まだまだ強調しなければならないことだと思います。

『税務』という言葉は、『税金は税務署長のさじ加減次第』というイメージを喚起しますし、これもしばしば耳にする『通達課税』という言葉は、わが国の税務行政がそれぞれの租税法規ではなく、課税庁内部の行政命令に過ぎない通達に従って行なわれてきたということを示唆します。

しかし、国民が負う納税義務は租税法にもとづいてその内容が決められるのであり、租税法が納税者と課税庁との双方を拘束する客観的な規範であるということは、憲法30条、84条が規定する租税法律主義の下で、最も重視されなければならないことだと考えられます。幸いに、最近は比較的多くの真面目な税務訴訟が提起され、租税法が裁判規範として機能する姿を多くの人々が眼にするようになりました。法学部の『租税法』の授業では、このよ

うな見地に立って、**法規範としての各種租税法規の内容を明らかにする**とともに、それらの制度の拠って立つ理論や制度的な理由を明らかにし、できればそこに存在する問題点の認識と問題の解決のための方策を探るということも授業の目標にしたいと思います。」

　　　司会の先生は、「チンチン、チンチン」とベルを鳴らして、早く終わるように促しています。

「（あわてて早口になりながら）この説明からお分かりになると思いますが、**法学部の『租税法』の授業というのは、所得税や相続税が計算できるようになることを目的とした授業ではありません。**私自身もかつてそうでしたが、法学部生の皆さんの多くは自己イメージの中では数学と計算が苦手で、それが『租税法』の履修を妨げる要因の１つになっているように思われます。しかし、**数学が苦手ということは『租税法』を履修するにあたって、何らの阻害要因にもなりません。**難しい数学を使って租税法を教える先生がほかの大学にはおられるかも知れませんが、少なくとも、私の授業では四則計算と一次方程式までしか出てきません。

　繰り返しになりますが、法学部における『租税法』の授業というのは、税額計算のやり方を教えて暗記してもらう科目ではなく、**現在のわが国において重要ないくつかの租税を取り上げ、それぞれの制度の内容を理解しつつ、その制度がどのような根拠によって作られているのか、また、そこで生じている問題を解決するた**

めにはどのような選択肢がありうるのか、ということを考える科目だと理解していただきたいと思います。

　（あたふたと教卓の上の資料を片づけながら）それでは、時間を大幅に超過してしまいましたが、私のお話はこれで終わりです。1人でも多くの方が『租税法』を履修して下さることを望みます。最後までご静聴ありがとうございました。」

　（パチパチ、と学生からまばらな拍手）

――結局、最後まで名乗らなかったね、あの先生。

――うん、そうね。あとで時間割表を見ておこうっと。

【考えてみよう】

(1)　「租税負担の公平」と「租税に関する予測可能性の確保」とは衝突することはないだろうか。

　　たとえば、ある取引に関する課税について税務署に質問したら「課税されない」という回答だったのでその取引を行なったところ、税務署の回答が誤っていて法律上正しくは課税されるべきだと分かったという場合に、法の一般原則たる「信義則」を適用して、税務署は新たな課税はできないと考えるべきかどうか、という場面で具体的に検討してみよう。

(2)　次頁に掲げたのは、現行所得税法における税率表（89条）である。

　　この税率表を用いて、①課税総所得金額が6,000万円の納税者1人の税額、②課税総所得金額が3,000万円の納税者2人の税額の合計額、③課税総所得金額が1,500万円の納税者4人の税額の合計額、④課税総所得金額が5,000万円の納税者と1,000万円の納税者の税額の合計額を、それぞれ計算してみよう。その結果からは、どのようなことが分かるだろうか。

【所得税法】

（税率）

第八十九条　居住者に対して課する所得税の額は、その年分の課税総所得金額……をそれぞれ次の表の上欄に掲げる金額に区分してそれぞれの金額に同表の下欄に掲げる税率を乗じて計算した金額を合計した金額……とする。

百九十五万円以下の金額	百分の五
百九十五万円を超え三百三十万円以下の金額	百分の十
三百三十万円を超え六百九十五万円以下の金額	百分の二十
六百九十五万円を超え九百万円以下の金額	百分の二十三
九百万円を超え千八百万円以下の金額	百分の三十三
千八百万円を超え四千万円以下の金額	百分の四十
四千万円を超える金額	百分の四十五

（「解答のてびき」は277頁）

【気になったときのために】

(1)　贈与税について

　　・浅妻＝酒井・161頁〜176頁

(2)　法人に土地を贈与した叔父さんへの課税について

　　・本書第8講

(3)　租税が私法上の取引の考慮要素となるかどうかについて

　　・ケースブック§163.01

(4)　租税回避について

　　・本書第7講

I

授業開始から GW まで
〜租税法を始めよう〜

ここで学ぶこと

・租税法はこれまで学んだ法分野とどのように関係しているか

・租税はどのように定義されるか

・租税法律主義とはどのような考え方か

・申告納税方式とはどのような制度か

●●●●●●●●●●●●●●●●●●●●●●●●
第1講　税金のかからない取引はないか
──租税法の拡がり──
●●●●●●●●●●●●●●●●●●●●●●●●

　　桜の花が半分散って新芽の緑が煙るように萌え始めたとある土
曜日の昼下がり、場所は法律相談部の部室の奥にある「討論室」で
す。相談部の部室の隣には、まだまだ新しいロー・スクール──
法科大学院の建物が建っています。その建物の自習室から法律相
談部の先輩を引っ張ってきて、色々と話を聞いてもらっていると
ころなのです。

──……という風に、「世の中に租税法が関わらないことはあり
　ません」、てな調子なんです。もう、わたし、頭に来てしまい
　ました。

「ふうん、あのヒトらしいな。」

──だから、何か「世の中の重要なこと」で租税法が関係してい
　ないことをみつけて、あの先生をギャフンと言わせたいのよ。
　ねぇ、先輩、手伝ってよ。ロー・スクールの租税法科目が全部
　最高評価の「秀」だったんでしょう。先輩だけが頼りなんだか
　ら。

「お前に頼りにされてもなあ。それに、その『先輩』ってのも気
　持ちが悪いからやめてくれ。」

——いいじゃない、ナカ兄が先輩なのは確かなんだから。ね、手
　伝って。オ・ネ・ガ・イ。

「まあ、租税法の復習にもなるし、そういうことなら手伝わない
でもないけど、ただ、オレはもう『世の中に租税法が関わらない
ことはない』ってマインドコントロールされてる感じで、すぐに
はとっかかりがないから、まずはそっちから『こういう場合』と
いうのをどんどん出してもらって、それが租税法と関わりがある
かどうかを考える、ってことでどうだい。」

——お願いします。

1　税法六法を見てみる

「それでまず要るのが『税法六法』だな。これがそうだ。租税法
をやるなら、まず基本的な武器がないとな。」

——うげっ、分厚い六法が箱入りで2冊も。

『実務税法六法〔法令〕令和2年度版』（新日本法規）

「大丈夫、中は1箱が2巻ずつで合計4冊に分かれている。」

——何が「大丈夫」なんだか……。あの、これが全部「租税法」
　ですか？

「そうだよ。1巻目から2巻目の前半が基本的な法律、2巻目の
後半から3巻目が基本的な法律の例外を定めた、租税特別措置法
なんかの法律。最後の4巻目が地方税とか、その他の法律だ。全
部合わせて、ザッと9200頁ってところだな。」

——うわぁ～、租税法っていっぱいあるンだ。

——（先輩の『税法六法』の目次をジッとみつめながら）先輩、何
　だか似たような項目がセットで並んでいますね。「第一編　国
　税通則」のところで、国税通則法、国税通則法施行令、国税通
　則法施行規則。「第二編　所得税」のところで、所得税法、所
　得税法施行令、所得税法施行規則。この3つ組のパターンが多
　いのかな。

「お、いいところに気づいたね。これまで法学部で勉強した法律
ではあまり見なかったかも知れないけれど、租税法の場合には国
会が作る形式的な意味での法律のほかに、その法律の下で作られ
た行政命令がかなりたくさんある。だいたいにおいて、『○○税
法』という法律のほかに、『○○税法施行令』という名前の政令
——内閣が作る命令だな——と『○○税法施行規則』という名前
の財務省令がセットになっている例が多い。この第1巻目だと、
ほかに法人税法、地方法人税法、相続税法、地価税法、登録免許
税法、とほとんどの法律がこのパターンだな。」

——税法、施行令、施行規則。法律、政令、財務省令。

——アン、ドゥ、トロワ。クイック、クイック、スロー、てな感

じか。

——でも、全部じゃない。施行規則がなくて施行令までしかない
のもありますね。

——ほんとだ、「消費税の円滑かつ適正な転嫁の確保のための消
費税の転嫁を阻害する行為の是正等に関する特別措置法」とい
うのには「法律施行令」までしかない。ねぇナカ兄、この法律
って何が決めてあるの？

「知らん。たぶん、消費税の円滑かつ適正な転嫁を確保するため
に、消費税の転嫁を阻害する行為を是正するための特別措置が決
めてあるんじゃないか。」

——そのまんまやんか。

——法律だけしかないのは、ごく例外ね。あっ、この「東日本大
震災からの復興に関し地方公共団体が実施する防災のための施
策に必要な財源の確保に係る地方税の臨時特例に関する法律」
という法律には、施行令も施行規則もないみたい。

——あたし、その法律に何が書いてあるか分かる気がする。たぶ
ん、東日本大震災からの復興に関して、地方公共団体が実施す
る防災のための施策に必要な財源を確保するための、地方税の
臨時特例について決めてあるんだよね。

「ああ、それか。市町村と道府県がかけている『均等割』という
住民税を、平成26年度から10年間限定で、住民1人あたり合計
1,000円増しにすることを決めた法律だ。たった2カ条しかない
短い法律だよ。」

——……何でもよく知ってるね。

——租税法を学ぶってことは、この条文を全部覚えるってことで
　すか。

——だったら、あたし、パス。

「いや、それは全然違う。租税法を勉強するのに条文を暗記する
必要はない。必要に応じて法律の内容を知るために六法があるん
だから。それから、『租税法』の授業では基本的な制度の作りと
か、ものの考え方とかを勉強して、そういう基礎ができれば、あ
とは必要に応じて自分で調べたり、考えたりすればいい。外国語
でも文法を一通り習えば、あとは辞書を引きながら小説や新聞記
事が読めるっていうのに近いかな。現に、この六法にはオレも見
たことがない条文が山ほどある、ていうか、読んだことがない部
分の方が多いな。だけど、基礎的な概念や制度の考え方さえ理解
していれば、あとは必要に応じて調べれば分かるわけだ。

　ただそれとは違うけど、政令とか財務省令とかいうのは一見面
倒だが、それ抜きだと法律に何が書いてあるか分からないような
ところはいっぱいある。ここがややこしいところかな。ためしに、
そうだな……、消費税法を見てみよう。消費税は、ざっくり言う
と、売上高に税率をかけた税額から仕入高に税率をかけた金額を
差し引いた残りを、お店の人が国に納める作りだ。原則は仕入高
をちゃんと記録しなければならないけれど、小さなお店だとこれ
がなかなか手間なので、『このタイプの事業は仕入れが売上の何
割』と法律で決めて簡単に税額が計算できるようにしている。そ
の仕組みについて定めているのが、この条文だ、え〜っと、消費
税法37条1項1号だな。少し長い条文だから、要るところだけ拾

い読みしてみるぞ……。これが仕入高にかかる税額だ。」

> 【消費税法37条1項1号】
> 　当該事業者の当該課税期間の課税資産の譲渡等（……）に係る
> 課税標準である金額の合計額に対する消費税額……の100分の60
> に相当する金額（卸売業その他の政令で定める事業を営む事業者
> にあつては、当該残額に、政令で定めるところにより当該事業の
> 種類ごとに当該事業における課税資産の譲渡等に係る消費税額の
> うちに課税仕入れ等の税額の通常占める割合を勘案して政令で定
> める率を乗じて計算した金額）

——これって本当に日本語なの？

——この一文に「当該」が５回も出てきますね。

「たしかに、先生も、『租税法が日本語で書いてあると思うな。』
といつも言っているが、これくらいならまだ読める方だぞ。で、
何か気がつかないか？」

——あ、これだけだと、自分のお店が括弧書にあたって「100分
　の60」ではない割合なのかどうか、分かりません。

「その通り。そこで、施行令を見ると、消費税法施行令の57条１
項が、こう定めている。」

> 【消費税法施行令57条1項】
> 　次項及び第３項に定めるもののほか、法第37条第１項第１号に
> 規定する政令で定める事業は、次の各号に掲げる事業とし、同項
> 第１号に規定する政令で定める率は、当該事業の区分に応じ当該
> 各号に定める率とする。
> 　一　第一種事業　100分の90

```
二　第二種事業　100分の80
三　第三種事業　100分の70
四　第五種事業　100分の50
五　第六種事業　100分の40
```

——ナカ兄、グーで殴ってもいい？

「やめろ。気持ちは分かるが、オレを殴っても問題の解決にはならない。それよりも５項を読んでみろ。」

```
【消費税法施行令57条５項】
　前各項において、次の各号に掲げる用語の意義は、当該各号に
定めるところによる。
　一　第一種事業　卸売業をいう。
　二　第二種事業　小売業をいう。
　三　第三種事業　次に掲げる事業（……）をいう。
　　イ　農業
　　ロ　林業
　　ハ　漁業
　　ニ　鉱業
　　ホ　建設業
　　ヘ　製造業（製造した棚卸資産を小売する事業を含む。）
　　ト　電気業、ガス業、熱供給業及び水道業
　四　第五種事業　次に掲げる事業（……）をいう。
　　イ　運輸通信業
　　ロ　金融業及び保険業
　　ハ　サービス業（飲食店業に該当するものを除く。）
　五　第六種事業　不動産業（……）をいう。
```

六　第四種事業　前各号に掲げる事業以外の事業をいう。

——ここまで読んで、はじめて制度の内容が分かるということですね。

——これもあてはめなンかは、大変そうだなあ。

「うん。たとえば、大学の先生だと、どれにあたると思う？」

——大学の先生にも、消費税の納税義務があるんですか？！

「大学からの給料は別だけど、講演料とか印税なんかをもらうと、納税義務があるって、授業で習った。そういうのも『売上』にあたるらしい。もっとも、消費税は売上高が1,000万円を超えないと納税義務が発生しないから自分には無関係だと、あの先生が笑っていた。」

——ナカ兄、経済学部にすごく有名な先生がいるよね。テレビにも出てるし、新聞にもよく名前が出ている先生。

「ああ、ああいう先生だと、講演料やら何やらが莫大な金額だろうから、消費税の納税義務がありそうだな。で、そういう『講演業』はどの事業だと思う？」

——卸売業ではない。小売業でもない。農業、林業、漁業、鉱業、建設業でもない……。

——（条文をよく読み直している）……第4号ハの「サービス業」ですか？

「ご名答。国税庁は、この分類のどれにあたるかを総務省の『日本標準産業分類』の大分類で決めていて、そのうち、『学術研究』か『専門・技術サービス業』にあたるそうだ。こんなふうに、

授業で扱うようなメジャーな法律——所得税法とか法人税法とか相続税法とか、そういう法律だと施行令や施行規則、特に**施行令は見ないと法律の規定の内容が分からないことが多いな。『政令で定める者が政令で定める物を政令で定める条件で売ったときはどうなる』みたいな法律の条文が多いから。」

——（さっきの施行令の条文を見ながら）う〜ん、こう決めてあると、消費税が関係しない事業って考えつかないわね。

——テキはなかなか手ごわいな。

2 六法との関わり

「さて、本題に入って、『租税法に関係ないもの』探しだろ？」

——では、まずはオーソドックスに六法を見ながら考えてみますね。六法と言えば、憲・民・刑・商・両訴法ですから、最初は「憲法」。

「憲法と租税法は、関係が大あり名古屋の金のシャチホコだな。**憲法30条と84条は租税法律主義を定めている**し、もしも租税法が『違憲』の疑いを持たれれば判断基準は憲法に書いてあるわけだし。」

——そうですね、特定の宗教法人にだけ重い税金をかけるとか、男女で別々の所得税法を作るとかしたら、信教の自由や両性の平等の規定なども関わってきますよね。

「そうだね。租税法律が憲法14条１項違反として違憲になるかどうかの判断基準を示したのは、原告の名前をとって大嶋訴訟と呼ばれる事件の最高裁大法廷判決（最大判昭和60年３月27日民集39巻

２号247頁）だ。**判例百選**の１番事件だから、あとで見ておくと
いい。それから、さっきキミが言ったような信教の自由とか両性
の平等とかに直接関係するような論点については、**ケースブック**
の20頁に載っている伊藤正己裁判官の補足意見でも触れられてい
るから、これも見ておくといいね。」

──順番だと次は民法ですけど、これは色々ありそうだから後回
　しにして、刑法。これも脱税の罪とかありますね。

「そうだね。そして、ほ脱罪の捜査にあたる**犯則調査**という手続
があって、これについては**国税通則法**という法律に裁判所の許可
状にもとづく臨検・捜索やその後の告発などの規定が書いてある
から、限りなく刑事訴訟法にも関係があると言える。ついでに、
民事手続法も見ておこうか。後で出てくるだろうけど**租税を争う
訴訟は行政訴訟**で、これについて決めている行政事件訴訟法は、
この法律に規定がなければ民事訴訟の例によるということにして
いるから、そういう点で租税法は民事訴訟法と関係が深い。

　それに、それだけじゃなくて……民事執行法とか、倒産法はも
う勉強した？」

──いいえ、民事執行法は今学期、倒産法は来学期とる予定です。
──ナカ兄、倒産法の先生って「試験に通さん方だ」ってウワサ、
　本当？

「黙ってろ。売買代金請求訴訟とか貸金請求訴訟とかで勝訴して
も相手方が任意に払わないと強制執行をすることになるし、金を
貸すときに土地に抵当権をつけていれば相手が金を返さないとき
には抵当権を実行することになって、そういう場合に民事執行法

のご厄介になるわけだが、そのときに『滞納』と言って納付されるべき租税が納付されていないと、貸金債権とかの**私法上の債権と租税債権が競合する**ことになって、その優先劣後を決定するルールが必要になる。極端に言えば、貸金を回収しようとしてやっと相手の土地を差し押さえて競売したら、実はそいつが税金も払っていなかったせいで後から国がやって来て租税債権をタテに土地の代金を全部持って行ってしまう、なんてこともあるわけだ。こういうことは**国税徴収法**などに決めてあるけど、いずれにせよこういう場面でも租税法と民事手続法は深く関連することになるね。破産法や会社更生法などでも同じだ。」

——さあ、そこで民法です。これは色々と具体的な関係がありそうですね。取引をしてもうければ所得税とか、贈与すれば贈与税、相続があれば相続税。

——モノを買うだけ、ってのはどうかな。売らない、もうけない。

「売った側の所得計算が問題になるだろうけど。それを無視しても、契約書を作ったり領収書を作ったりすると金額によっては**印紙税**がかかるし、不動産の取引だと登記を移転するのに**登録免許税**がかかる。その上、地方税に**不動産取得税**って税金もあったはずだ。簡単ではない。」

——モノを売ると必ず所得税がかかるの？　あたし、友達にCDのセットを売ってあげたことがあるけど、税金は納めなかった。ひょっとしてこれって脱税してる？

「いや、それは有名な論点で、所得税法9条1項9号、2項1号、施行令25条を読み合わせると、要するに**普通に生活で使っている**

安いものを売り買いするのはもうけても損しても所得税には関わらないことになっている。もちろん、『関わらない』とわざわざ決めているわけだが。」

——施行令って？

「ここでは、所得税法施行令、の略だ。」

——よく、スラスラ条文番号が出てきますね。

——やっぱ、覚えなきゃダメなのかなあ。

「表現の自由は憲法何条？　不法行為は？　殺人罪は？」

——えっと、表現の自由は憲法21条、不法行為は民法709条、殺人罪は刑法199条だ、たしか。

「それって単語カードか何かに書いて覚えたのか？」

——ううん、何度も出てくるから、いつの間にか覚えちゃった、て感じかな。

「ほら、ほかの法分野でも有名どこの条文番号は自然と暗記してるじゃないか。租税法でも同じことだよ。覚えている人間が少ないし、施行令なんかも入るから派手に見えるだけ。」

——先輩、この「不法行為による損害賠償」というのはどうですか。今まで契約とかばかり考えてきましたけど。

「残念でした。たとえば所得税法だと9条1項17号と施行令、当然、ここでは所得税法施行令だが、その30条で一定範囲の損害賠償金が非課税とされている、というように正面から規定がある。六法の残りは、あと商法だが、もう分かるように、会社がもうけても損しても法人税の規定が関係してくるし、会社の合併・分割とか、剰余金の配当とか、もう関係条文がビッシリ並んでいると

いう観がある。」

3 その他の法律との関わり

——六法以外の法律はどうですか。たくさんある行政法規とか。

「**行政手続法は、理由附記義務なんかの少数の例外を除くと、税務行政手続にはほとんど全部が適用除外**になっているけど、さっきも言ったように税金に関する訴訟は行政事件訴訟法にもとづいて提起されるから、当然、行政法と租税法は密接な関係にある。それに、租税法はもともと行政法各論の一部から独立したという沿革があるから、**租税法と行政法は理論的にも関係が深い**。課税処分に理由を附記すべき場合の判例や行政先例法の判例なんかは行政法でも習ったろう。」

——ジャーン、いいこと思いついた。独占禁止法なんかどう？

まさか国税庁とカルテルは関係ないでしょう？

「独禁法にもとづいて課される課徴金は所得の計算上控除できないって規定が、所得税法にも法人税法にもある。これだけで密接な関係とは言えないかも知れないけど、談合したのがみつかって課徴金を払いましたという場面を租税法が大いに気にしていることは明らかだな。

逆の例で有名なのが、解雇予告とか休業手当とか時間外労働とかのときに法律で定められた賃金を払わなかったら労働者は使用者に付加金を請求できるという労働基準法の規定に従って使用者が払わされた付加金とか、いわゆる公害健康被害補償法にもとづいて企業が支払わさせられた分担金とかについては、独禁法の課

徴金のような規定がないから、払ったら払っただけ課税所得が減る計算になるってヤツだな。まさに、右を向いても左を見ても、って感じだ。」

——労働基準法はこの前、労働法の授業でちょっと見ましたけど、何ですか、公害健康ひが……？

「ほら、これ。」

——また、分厚い本ですね。

「ロー・スクールの自習室から借りてきた租税法の通達集だ。知っているように、**通達ってのは国税庁長官とかの上級行政庁が税務署長とかの下級行政庁に対して出す内部命令**のことだけど、租税法の場合は法律の条文が細かくてややこしい上に、全国一律で同じ取扱いにしなくてはならない——そうでないと不公平だろ？

——だから、個別の条文の解釈やら特別な場合の取扱いやらについて細かく通達が出てる。形式的には所得税とか法人税とか相続税法とかというような主要な分野について体系的な**基本通達**というのがあって、その他に個別の問題に対応して必要なときに出される**個別通達**というのがある。今はほとんどの通達は国税庁のウェブサイトで見られるけど、ザッとものを調べるときには、やっぱり本になっている方が便利だな。」

——で、横書き２冊組みで3700頁以上もある本になるわけですか。

「ほら、この法人税基本通達の９−５−７の(1)を見ると、『公害健康被害の補償等に関する法律第52条第１項に規定する汚染負荷量賦課金』の法人税法上の扱いのことが書いてある。」

——ほんとだ、細かい。「障害者の雇用の促進等に関する法律第

53条第1項に規定する障害者雇用納付金」なんてのもある。

——これは通達で、法律のように国民を拘束する力はないけど、会社が一方で色々な法律にもとづいてこういう賦課金や納付金を払うことが、法人税法の適用にも影響しているってことなんですね。だから先回りして決めておくわけか。

「先回りってのはあたらない気もするが、ま、少なくとも課税実務ではどう扱うかを決めておく必要があるということだね。」

——これじゃあ、今どき流行りの知的財産法とか社会保障法とかについても、特許権のロイヤリティには課税されますとか、○○年金には課税されませんとか、細かく書いてあって、結局、「租税法が関係してます」と勝ち誇られちゃうんだろうな。

「確かにそういうこともあるけど、それだけじゃないな。たとえば、知的財産法の目的の1つは国内において技術開発が盛んになるようにすること、だろ。だけどそれは知的財産法の制度だけで充分に実現できるわけではなくて、研究開発に熱心な企業は法人税を軽くすることにして**税制で産業政策を側面援護**したりするわけだ。社会保障についても同じで、所得が充分にある人からは所得税を取り、逆に所得が足りない人には国が所得補填をする、というようなイメージで**社会保障と所得課税とを一体化**させよう、という発想だってあるくらいだ。これは**負の所得税**と呼ばれてるけどな。」

——負の所得税の方は知らないけど、租税が政策目的実現の手段に使われることがあるというのは、ガイダンスでも聞いたよ。租税のナントカ的意義だって。「税制で産業政策を側面援護」とい

うのは、その１つなんだね。

「『租税のマ・ク・ロ・的意義』だろう。」

——先輩、目をグローバルに向けて国際法はどうですか？

「国際的な取引に関する法律の規定は多いぞ。それにたくさんの国々と『租税条約』を結んで日本の企業が外国でもうけたときやその逆のときなどに不合理な結果が生じないように取り決めたりしているほか、課税に関する情報を融通する取決めなんかも結ばれている。実際、租税法の国際的な側面——これは『国際課税』と呼ばれてる分野なんだが、これというのは今後、どんどん重要で複雑な分野になっていくものらしい。だからこの場面でも、租税法は重要だと言える。」

——これもダメかぁ。

「ここまで見てきたところだけからでは、まだよく分からないかも知れないけれど、だいたい、**今の所得税法の基本的な考え方は、個人が何かもうけたら必ず所得税がかかる、ということで所得税をかけないものが９条１項にズラッと並んでいる作り**だし、さっき見たように、**ごく狭い例外規定にあたらない限り事業者が行なう取引には全部消費税がかかる**ってことになっているから、あの先生が言う通り、物や金を動かして税金と無関係でいられるということは簡単には考えられないんだ。これに加えて、知的財産法のところでちょっと言ったみたいに色々な**政策目的実現の手段として租税が使われる**こともあるわけだし。その上、契約書なんかの書類には印紙税、登記をすれば登録免許税がかかるし、取引の対象次第では、酒には酒税、ガソリンなんかには揮発油税や軽油

引取税、自動車には自動車重量税、自動車税、軽自動車税、ゴルフをすればゴルフ場利用税、温泉に入れば入湯税、狩猟には狩猟税、土地・建物を持っているだけで固定資産税に都市計画税までかかることがある。」

――もう、生きているだけ、何にもしない人だったら？

「所得が一定額以下の未成年者とかでなければ、住所がある市町村が『1人あたり合計で5,000円』の『**均等割**』という住民税――道府県民税や市町村民税をかけてくる。所得がなくて誰かに養われていたら、たいていの場合は養っている人の扶養親族になってその人の所得税とかの計算に関係するだろうね。」

4　何に目をつけて税金をかけるのか

――息をしたら呼吸税、歩いたら歩行税、物を食べたら食事税、がかからない方が不思議だね、こうなると。そしてトイレに行ったら……。

――やめてよっ！

――水源涵養税かな、とか。

――まさか。

「何で、まさか、なんだろうね？」

――えっ？

「だから、なぜ、呼吸税や歩行税はないのか。水源涵養税も。」

――うまく言えないけど、合理的でないから、ですか。

「うん、こういうことだと思う。まず、何かに税金をかける場合には、先に『税金を払う能力』、これを『**担税力**』と言っている

んだが、この担税力があるところをみつけて税金を払わせようとするわけだ。」

——要するに、お金があるってことね。

「いや、それだと少し狭過ぎる。収入というか所得というか、そういうものがたくさんある人は『担税力』も大きいと推測できるが、ほかに、たくさんお金を使う人や、大きな財産を持っている人なんかも担税力が大きそうだし、あれこれ取引をしているというのも一定の経済力を持っていて担税力があるんじゃないかと目を付けられやすい。こういう『担税力が大きいんじゃないか』と思わせる現実の『何か』をつかまえて課税の仕組みをセットをするのが税制の基本的な考え方だ。今あげた**収入・所得、消費、財産、流通というのは担税力の存在を推測させる代表的な指標**だな。所得税や消費税の例はもう要らないだろうけど、土地・建物を持っているだけでかかると言った固定資産税は財産税の一種だし、不動産の取得や移転登記に絡んだ不動産取得税や登録免許税は流通税の一種だ。」

——反対に言えば、呼吸や歩行は合理的に「担税力」を推測させるものではない、ということですね。

「そうだね。ただし、**『担税力』というのはマジックワード**で、たいがいの場合には『担税力がある』と言い張ることができる。その意味ではあくまでも程度の差でしかないし、悪く言えば課税することを決めた上で、『そこに担税力あり』と言えば済んでしまうようなところもないではないように思う。それはそうと、あと2つ問題がある。1つはそういう税金を作って、うまく執行で

きるかということだな。」

——たしかに、1日何回呼吸したかなんて、数えるのはナンセンスですね。もう1点は何ですか？

「そうだな、人が所有する建物の『窓』に税金をかけることにするとどうだろう。呼吸税よりも合理的な租税だろう？」

——そうですね、大きな窓がある家や多数の窓がある家を持っている人は、財産的価値が大きい資産を持っていて「担税力」が大きいと言えそうです。

「しかも、執行が容易だ、特に、窓の『数』に課税することにすると。」

——外から数えるだけで税務署の調査が終わっちゃうね。

「で、お前ならどうする？　家の持ち主として。」

——そりゃあ、数でかかるなら窓の数を減らすとか、大きさでかかるなら小さな窓にするとか。あ、これが先生が言ってた「**タックス・プランニング**」か。でも、それだけだと家の中が暗くなって電気代がかかるから、そのうち外から見ると壁だけど中から見ると光を通す建築資材なんてのができそうだね。何だか「第3のビール」みたい。企業努力！

「税金が安いものを作り出すのが企業努力とも思わんが、とにかく、日本中でそういうことが起こることは確かだよな。その結果、新『窓税』はうまくいかない。正直に家を建てた人だけが損をするからね。」

——**簡単に逃げられる税金はダメ**だということですね。

「それに、本来あるべき建築の姿に大きな影響を与える点でも感

心できないね。窓の大きさとか数とかは、建築学の知見やその家を建てる土地の気候なんかに応じて決められるべきで、税金があるから窓が増えたり減ったりするのはおかしいんじゃないか。税金が人の行動に影響を与えることはそれとして認識しつつ、できるだけそういうことが少ないような**中立的な税制**を心がけるということも必要だろう。」

──と言いつつも、日本では呼吸と歩行のほかは何をしても税金がかかる。これじゃバカバカしくて、宝くじでも買って寝てようかということに……、ナカ兄！　宝くじって当たっても税金がかからないって聞いたような気がするけど、本当なのかなあ。

「ああ、オレもそう聞いたことがある。ちょっと待てよ。もしそうなら所得税法９条１項のどっかに書いてあるはずだから。（眼を皿のようにして法律の規定を探しながら）……おかしいな、ない。」

──ということは、所得税法に規定がないのに、税金もかからない。やった。宝くじだ!!

「待てって。ひょっとしてどっか別の法律に書いてあるかも知れないだろ。検索してみよう。」

　　先輩はノートパソコンをカバンから引っ張り出して立ち上げ、大学の無線LANに接続すると、**e-Gov法令検索システム**を呼び出します。しかし、「宝くじ」ではヒットしません。結局、部室にあった国語辞典を見て、とうとう「当せん金付証票法」という法律にたどり着きました。が、この法律には以下の規定がありました。

> **【当せん金付証票法13条】**
> 当せん金付証票の当せん金品については、所得税を課さない。

——やっぱり、法律の規定があるンだ。これじゃあ、先生のところに持って行っても、この条文は実質的に租税法の一部です、なんて言われて、ケムに巻かれるのがオチね。

「タバコも吸わないのにケムに巻くとは、これ如何に、か。」

——油も使わないのに手が滑るがごとし、というのはどう？

　ちなみに、この『税法六法』って、手が滑って角が頭に当たると、ずいぶん痛いと思うけど。

「『租税法をやるときに税法六法が武器だ』というのは、決してそういう意味ではないぞ。」

【考えてみよう】

(1)　婚姻届を受け付けるときに１件につき５万円の「結婚税」を課すとしたら、どのような問題が生じるだろうか。５万円ではなく100万円だったらどうだろうか。

(2)　「担税力」、すなわち税を負担する能力に応じて課税する考え方を応能負担原則と呼ぶ。それでは、何かに着目して課税する場合に、担税力以外に合理的な「何か」はないだろうか、検討してみよう。

（「解答のてびき」は278頁）

【気になったときのために】

(1)　租税法と他の法分野との関わりについて

・金子・37頁〜41頁
(2)　何に課税するか（課税物件）について
　　・金子・177頁〜179頁
(3)　大嶋訴訟について
　　・**判例百選1番事件**
(4)　政策税制について
　　・本書第6講
(5)　わが国の租税法令や通達について
　　・e-Gov法令検索
　　　　（https://elaws.e-gov.go.jp/）
　　・国税庁ウェブサイト
　　　　（https://www.nta.go.jp/law/tsutatsu/menu.htm）

第2講 「ネコ税」は「イヌ」にかかるか？
──租税の定義と租税法律主義──

　　いよいよ租税法の授業が始まります。先輩とバッチリ予習した
ノートが頼りです。着いてみると、小さめの教室が学生で半分以
上埋まっていて、どうやら「選択科目ガイダンス」は成功だった
ようでした。

「おはようございます。今日は租税法の授業の第1回目ですから、
『租税』と『租税法』について、ブレインストーミングをしてみ
ましょう。」

　　教室のアチコチから、「え～」「かったる～い」などの声が上が
る中、発言の機会に闘志を燃やす学生も何人かいます。

1 〈租税〉のイメージ

「それでは、最初のテーマです。『〈租税〉のイメージについて述
べてください。』おっ、早いですね、どうぞ。」

　　手をあげるのが一瞬遅れ、先生は後ろの学生を指名しました。
振り向くと、ガイダンスにも来ていた美人さんです。たしか、

「姫」と呼ばれていました。

姫：簡単なことですわ。「税金からは逃れられない。」避けようと
　　しても、税務署が必ず取り立てていく、強制的なものです。
「『死と税金以外、この世で確実なものはない』とベンジャミ
ン・フランクリンが言ったそうです。ちなみに、ウィキペディア
の英語版には "Death & Taxes" という項目があって、それによ
ると、実は60年以上前に別の人が先に使った文句だそうですが。
日本語版にはこの項目が見当たりませんから、日本ではまだあま
りポピュラーな感覚ではないのかも知れません。それはともかく
として、『強制性』は租税の重要な性質のひとつです。次は、は
い、あなた。」
——税金を払っても納税者には直接のメリットはない、つまり、
　　対価性がないのも、租税の性質です。
——でも、税務署には「この社会あなたの税がいきている」って
　　看板があったけど？
——それは、全体として国の財政を税金がまかなっている、とい
　　うことでしょう。税金を払ったから消防や警察の人が守ってく
　　れる、というような関係にはないわ。
姫：そこから発想すると、租税は国の財政をまかなうために集め
　　られている、と言えます。先生がガイダンスの最初におっしゃ
　　っていましたわ。
「租税の『財源調達機能』ですね。令和２ (2020) 年度予算で見る
と、国税、つまり国の税収が一般会計で63兆5,130億円、これに

特別会計の分の4兆5,389億円を合わせると、計68兆0,519億円です。他方、地方税、つまり都道府県や市町村の通常の税収は同じ年度の地方財政計画によると合計41兆0,122億円で、このほかに7,700億円ほど超過課税などの税収がありますから、国と地方を全部合わせると109兆8,414億円の税金が集められて、国や地方の財源になっています。

　ただ、国の支出に占める租税の割合は、このところ持ち直してはきているものの、あまり高くない時期もあり、国際的に見ても低いので、ひとつの問題とは言えます（と、教室のスクリーンに2枚のグラフを映し出す）。これを見ておいてください。」

——おっ、これがOHPか。

——失われた昭和の技術ね。

【図1】　一般会計総額に占める「租税及び印紙収入」の割合

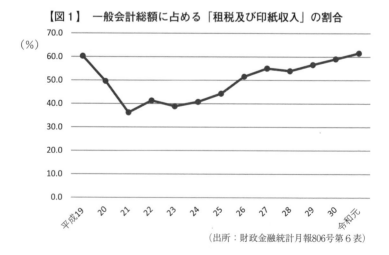

（出所：財政金融統計月報806号第6表）

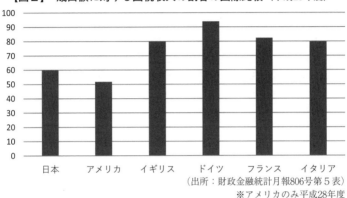

【図２】 歳出額に対する国税収入の割合の国際比較（平成29年度）※

（出所：財政金融統計月報806号第５表）
※アメリカのみ平成28年度

「さあ、ほかにはありませんか。はい、あなた。」

——えっと、税金は、お金で払います。

？：あのお〜〜

　　　声の主は、今日もお面を帽子被りにしてピンクとエメラルドグ
　　リーンのシマシマのセーターを着た、特撮研の部長さんです。

部長：租庸調とか、年貢とか、お金じゃない税もあるんじゃない
　　でしょうか。

「歴史的にはたしかにその通りですが、**現代国家における租税は、
一応『金銭』と考えてよさそうですね。**

　だいたい、発言は出つくしたでしょうか。それでは、ここで、
最高裁が示した租税の定義を見てみましょう。**判例百選の２番事
件**（最大判平成18年３月１日民集60巻２号587頁）です。」

> 「国又は地方公共団体が、課税権に基づき、その経費に充てる
> ための資金を調達する目的をもって、特別の給付に対する反対給
> 付としてでなく、一定の要件に該当するすべての者に対して課す
> る金銭給付は、その形式のいかんにかかわらず、憲法84条に規定
> する租税に当たる」。
>
> （旭川市国民健康保険条例事件上告審判決）

——「課税権に基づき……一定の要件に該当するすべての者に対
して課する」というのは、権力によって強制的に、ということ
か。

——すごい、あたしたち、最高裁と同じことを自分たちで思いつ
いちゃった。

——先生、財源調達機能については分かりましたが、ガイダンス
のときにあげておられた、租税のマクロ的意義のそのほかの点
については、考慮しなくてよいのでしょうか。

「所得の再分配、景気調整機能、政策目的実現の手段などについ
てですね。それらは、租税の定義というよりも、現代国家におい
て租税がどのような働きをしている、ないし、期待されているか、
という観点からの説明ですから、ここであげる必要はないと考え
られます。」

——ということは、それらは財政学や経済学の観点からは重要だ
けど、法律学の観点からはそれほど重要ではないということで
すか。

「いえ、そうではありません。**判例百選**1番事件の大嶋訴訟最高
裁判決（最大判昭和60年3月27日民集39巻2号247頁）の、次の部分

を見てください。」

> 「租税は、今日では、国家の財政需要を充足するという本来の機能に加え、所得の再分配、資源の適正配分、景気の調整等の諸機能をも有しており、国民の租税負担を定めるについて、財政・経済・社会政策等の国政全般からの総合的な政策判断を必要とするばかりでなく、課税要件等を定めるについて、極めて専門技術的な判断を必要とすることも明らかである。したがつて、租税法の定立については、国家財政、社会経済、国民所得、国民生活等の実態についての正確な資料を基礎とする立法府の政策的、技術的な判断にゆだねるほかはなく、裁判所は、基本的にはその裁量的判断を尊重せざるを得ないものというべきである。そうであるとすれば、租税法の分野における所得の性質の違い等を理由とする取扱いの区別は、その立法目的が正当なものであり、かつ、当該立法において具体的に採用された区別の態様が右目的との関連で著しく不合理であることが明らかでない限り、その合理性を否定することができず、これを憲法14条1項の規定に違反するものということはできないものと解するのが相当である。」
>
> （大嶋訴訟上告審判決）

「『そうであるとすれば』以下で示されている租税立法の違憲審査基準は、『大嶋（判決）基準』などとも呼ばれるもので、租税公平主義との関係で必ず理解し、記憶する必要があるルールですが、ここでは、『租税のマクロ的意義』が、租税法律の違憲審査基準を導く重要な考慮要素として示されています。」

――その判決は、予習のときに読んだのに、租税のマクロ的意義に触れられていることには、気づきませんでした。

――あたしも読んだけど、判例って、一度読んだくらいじゃ、気がつかないことがいろいろあるンだ。

「租税が社会で果たしている意義について、学説が丹念に分析と議論を重ねた成果が、裁判所によって判断要素として取り込まれたものと考えてよいでしょう。」

2　租税と租税法の性質

「さて、それでは第2のテーマです。『わが国に〈租税〉は何種類あるのでしょうか、具体的な税目を挙げて下さい。』これは順に指名しましょうか。」

　　　先生が順番に当てていくと、学生たちが「所得税」「法人税」
　　　などと答えて先生がうなずいています。教室をひと周りすると少
　　　し返答に詰まってきました。

「大分出てきましたね。発言に出なかったものを含めて整理するとこんな感じになります（と、OHPでスクリーンに映す（次頁））。国税と、地方税に分けて、地方税の方は都道府県の税か市町村の税かも示しています。これで45種類ですね。」

――わが国の税金は、これで全部ですか？

「いえ、そうとも言い切れません。たとえば、**地方団体が独自に課税する法定外税**という租税もあって……」

姫：はい、たとえば静岡県熱海市には「別荘等所有税」という租税があって、市外に住んでいる人が熱海市に持っている別荘に税金がかかるのですわ。うちの別荘の中で、熱海の別荘だけが

【表1】 現行の税目

課税の種類	国　税	地　方　税
所得課税 （収益課税）	所得税 法人税 特別法人事業税 復興特別所得税	住民税（個人・法人）【都道府県・市町村】 事業税（個人・法人）【都道府県】 鉱産税【市町村】
資産課税	相続税・贈与税 地価税	自動車税【都道府県】 固定資産税【市町村】 軽自動車税【市町村】 特別土地保有税【市町村】 都市計画税【市町村】
消費課税	消費税 酒税 たばこ税 たばこ特別税 国際観光旅客税 揮発油税 地方揮発油税 石油ガス税 航空機燃料税 石油石炭税 電源開発促進税 関税	地方消費税【都道府県】 地方たばこ税【都道府県・市町村】 軽油引取税【都道府県】 ゴルフ場利用税【都道府県】 入湯税【市町村】
流通課税等	登録免許税 印紙税 自動車重量税 とん税 特別とん税	不動産取得税【都道府県】 水利地役税【道府県・市町村】 鉱区税【都道府県】 狩猟税【市町村】 共同施設税【市町村】 宅地開発税【市町村】 事業所税【市町村】

特別に課税されていたので調べさせたことがありますの。

「そうですね。ほかに、東京都内のホテルに泊まると課税される『宿泊税』も有名ですね。税収の面では、原子力発電所の所在地の地方団体が課税する、いわゆる『核燃料税』というのが相対的には重要です。」

――あんたの家は自家用原子炉とか使ってんじゃないの？　この税金は払ってないの？

姫：いいえ、宅^{タク}は早くから太陽光発電を使っておりますの。

「このような、地域別の税金などを数えればまだありますし、それに、税の数というのは、かなり技術的なところもあるのです。たとえば、東日本大震災からの復興に使う財源のために国税では『復興特別所得税』というのがありますが、地方税にはそういう税はありません。でも、従来からある『住民税（均等割）』という仕組みの中で増税しているので、復興のための課税をしていないわけではないのです。」

――増税するのに、新しい税金を作ることもあれば、元々の税金を増やすこともあるってわけか。あっ、それってナカ兄が言っていた、10年間、住民1人あたり1,000円増しの税金のことだ！

――先生、この表の「課税の種類」というところにある、「所得」「資産」「消費」「流通」というようなものが、担税力の存在を推定させる要素だということを予習していて知りましたが、このように分けることには、具体的にはどのような意味があるのですか？

「『国税において、所得ばかりにかたよって課税するのではなく、

各種の要素にバランス良く課税しよう』というような租税政策の議論をするときには、大変重要な考慮要素になります。そのほかに、税金の仕組みを考えるときなどにも、手がかりになります。」

部長：自動車重量税は前もって３年分払うのに、自動車税は毎年払うというのも、そういう問題でしょうか。部員がそういうことを言っていたのですが。

——ああ、あの痛車の持ち主ね。

「自動車重量税は『車検の有効期間中はこの自動車を走らせてよい』という権利を設定することに対応した税だから車検ごとに複数年分の納付を求めることができるが、自動車税は自動車という財産を持っていることに対する財産税だから、毎年、その分しか課税できない、というのが普通の説明ですね。

　話を元に戻しましょう。こういう多数の租税は、それぞれ法律に根拠を持っています。これに関連して、第３のテーマです。こういう『租税法の法律には何が決められているのか。』」

——えっと、それぞれの税金をどうやって計算するか、たとえば、いくらの贈与をどうやって受けたら贈与税はいくらになるかの計算方法が決められている？　ちょっと当たり前すぎるような気がするけど……。

部長：でも、なぜそういう税額計算方法を、わざわざ法律で決める必要があるんですか？　国税庁のマニュアルとかでも十分な気がしますけど。

姫：何かこう「限界」みたいなものではありませんの。この方法で計算した税額までは国がとっていい、というような。

「うまいですね。租税法の法律には、税額の計算以外に調査や徴収の手続なども定められていますから、そういうことも含めると、**法律で定められているのは、国がその内容の税金を国民にかけてよい、ということ**になりそうです。そして、そういう内容については法律で定めなければならないというのが『租税法律主義』という考え方だということになります。特にこのことは『租税法律主義』の核となる考え方で『課税要件法定主義』と呼ばれています。関係する最高裁の裁判例をあげておきましょう。ごく単純に要約すると、**『租税に関する重要事項は法律で定めなければならない』**ということですね。」

「日本国憲法の下では、租税を創設し、改廃するのはもとより、納税義務者、課税標準、徴税の手続はすべて前示のとおり法律に墓いて定められなければならない」。（固定資産税名義人課税主義事件・最大判昭和30年3月23日民集9巻3号336頁）

「憲法84条は、……国民に対して義務を課し又は権利を制限するには法律の根拠を要するという法原則を租税について厳格化した形で明文化したものというべきである。」（前出、旭川市国民健康保険条例事件最高裁判決）

3 租税法の内容をだれが決めるか

「話を先に進めますと、そのような内容をわざわざ法律で定めなければならないとしている意味は、どういうものでしょうか。
——はい、法律は国民の代表たる国会議員が国会で定めるものですから、日本の国民は、自分たちで決めた内容の租税を国に納

める義務を自ら負うのだ、という意味があります。わたしたち
の税金は、王様や殿様が勝手に決めて課すものではないという
ことです。

「そう、租税は国民に強制されるものだが、その内容は民主的に
決められなければならない、ということです。そのことは、『代
表なくして課税なし』というスローガンに集約されると言ってよ
いでしょう。このことを**租税法律主義の民主主義的側面**と呼ぶこ
とにしましょう。」

——先生、予習のときに、租税法の法令は「法律」「施行令」
「施行規則」と３つが組になっているものが多くて法律の内容
は施行令まで見ないとなかなか分からない、と知ったのですが、
施行令は政令、つまり立法機関である国会ではなく行政を担当
する内閣が作る行政命令です。もし、行政命令まで見ないと法
律の内容が分からないとすると、それは租税法律主義の民主主
義的側面に違反することになるのではないでしょうか？

「ほほう、いきなり高度な問題が出てきましたね。ご指摘の通り、
租税法では法律のほかに政令である『施行令』にも重要なことが
決められていて、施行令を読まないと法律の具体的な要件が分か
らないということは、しばしばあります。この授業でも必要に応
じて資料として施行令などの条文を配る予定です。ところで、ご
質問に逆の側からアプローチすることになりますが、このように
『施行令』などの行政命令が重要になる理由はどのようなものだ
と考えますか？」

姫：簡単なことですわ。イメージから言っても、租税法は専門技

術的な性格がとても強いと思いますから、そういう専門技術的なことをすべて法律に規定するのは、効率が悪いのでしょう。基本的な要件を法律で決めれば、あとは財務省などの専門家集団の能力を使って、詳細で技術的なことを行政命令で定める方が効率的ですわ。

——法案だって政令だって、結局は財務省とかの官僚が作っているンだから、同じなんじゃないの。

部長：「それを言っちゃあ、お仕舞いよ。」

——映画のジャンルが違うでしょ。

「どういうイメージで考えていますか、できれば例をあげてもらえませんか。」

姫：たとえば、「不当に安い対価の取引はこう課税する」ということは法律で決める必要があるけれど、取引の種類や内容にも色々あるでしょうから、どんな場合にどういう対価だと「不当に安い」かということは、専門的、技術的な事項として、専門家が決めるのが適切なケースがあると思いますわ。

「なるほど。専門技術性のほかには、いかがですか。」

——経済は生き物だと言いますよね。租税法が対象としている経済取引などは、生き物のように素早く動くので、何でも法律で決めていると、いざと言うときに機動的に適切な対応ができないおそれがあるということはないでしょうか。国会だと、閉会中とか、審議日程とか、法改正には色々とハードルがありそうですし。

「それもありますね。一般に、**専門技術性と機動的な対応の必要**

性の2つは、**租税法の分野で施行令などの行政命令が重視される理由**としてよくあげられる点です。おふたりとも大正解です。」

部長：すみません、どうもひっかかるのですが、今の理由は、2つとも課税をする側の都合ばかり考えているような気がするのです。最初の方について言えば、たとえば、「会社の大株主は特別な課税」と法律で決める場合には、何が「大株主」かということは大切な要件で、発行済株式数の何％以上を持っていたら「大株主」にあたるかということは技術的な内容だとしても、そこを行政命令に任せたのでは、いくら法律で「特別な課税」の内容を詳細に決めても、課税の内容を法律で決めたことにはならないと思います。

　2つ目の方は、これまでの法律の規定で課税できない取引などが出てきたら、まさにそこで法律を作って対応するかしないか、するならどう対応するかを国会で議論すべきであって、政令でサッと対応できて便利です、というのは筋が違うような気がします。

「素晴らしいご指摘をありがとうございます。おっしゃる通りの問題点があることもたしかです。つまり、一方では、法律ではなく政令などで決めた方が良い事情があり、もう一方では、それを無制限に認めるわけにはいかないという事情があるわけです。そこで、一定の事項を政令で決めるように法律で定めること——これを**法律による命令への委任**と言いますが、この委任を合憲的になしうる範囲、基準の問題として、この点が裁判例でも議論されているところです。せっかく、ご指摘がありましたから、少し横

道にそれますが、この問題も考えてみましょう。

　まず、この問題についての代表的な下級審判決では、以下のような判示がなされていました。講義ノートを読み上げましょう。

> 「租税法律主義の原則から、法律が命令に委任する場合には、法律自体から委任の目的、内容、程度などが明らかにされていることが必要であり、……法律で概括的、白地的に命令に委任することは許されないと解するのが相当である。」（大阪銘板事件・大阪高判昭和43年６月28日行集19巻６号1130頁）

——けっこう、厳しい基準なんだ。

——先生、このような基準に照らして、法律による命令への委任が違憲無効とされた例はあるのでしょうか。憲法の授業では習わなかったような気がします。

「ストレートに、委任した法律を違憲無効とした例としては、（講義ノートを見ながら）神戸地判平成12年３月28日（訟月48巻６号1519頁）がありますが、これは控訴審の大阪地判平成12年10月24日（同1534頁）で取り消されています。

　委任した法律ではなく、委任された政省令の方の一部を無効とした判決で確定したものとしては、**判例百選**４番事件の東京高裁判決（東京高判平成７年11月28日行集46巻10=11号1046頁）があります。事案は、当時の租税特別措置法で登録免許税を減税する規定に『政令で定めるところにより』という文言があり、これをうけた政令には『大蔵省令で定めるところにより登記を受ける場合に限り』と規定されていて、さらに大蔵省令には、登記時に一定の証明書を添付しなければならないと定められていたというもので

す。これらの規定の下で、自分の登記が実体的な要件を満たして
いることに気づかなかった納税者が、いったん通常の税額を納付
した後で、減税の要件に気づいて、必要な証明書を提出して優遇
された税額との差額の約780万円の還付を請求したけれど、国側
が応じなかったので訴訟になった、というものです。」

部長：あのう、実体的要件を満たしていて、証明書が提出された
　　なら、差額の税額は当然返すべきだと思うので、国側が還付を
　　拒んだ論理がイメージできません。

「証明書の添付が手続的課税要件だ、というのがその論理です。」

学生たち：？？？

「分かりにくいですか……。そうだ、大学生協の購買部に、『も
れなくオリジナルストラップをプレゼント』と書いたポスターが
貼ってあるのを見ましたか？」

──「激甘のヒーロー」か「激辛のダークヒーロー」か、食べる
　　まで分からないチョコを「５本お買い上げの方に」というキャ
　　ンペーンですね。

「それです。そのポスターには、『詳しくは応募要項をご覧くだ
さい』と書いてありましたが、応募要項をご覧になった方はおら
れませんか？」

部長：たしか、そのチョコの外袋についているバーコード５枚を
　　応募用紙に貼って、生協の専用ポストに入れるのだったと思い
　　ます。

──つまんないことまで見てるわね。

「それでもし、だれかが、そのチョコレート５本を買った証拠の

レシートを貼って応募したら、どうなるでしょうか。」

姫：簡単なことですわ。バーコードで応募する決まりなら、レシートを貼っても無効でしょう。

「そう、もしその通りなら、『５本買う』のが実体的要件だが、そのことを『バーコード５枚で示す』のが手続的要件だということです。それと同じで、東京高裁判決の事案で国は、手続的要件として『証明書を添付して登記した場合』に限り税率を優遇すると定められているのだから、後から証明書を提出しても要件を満たしたことにならない、と主張したわけです。いわば、レシートで応募した後でバーコードを出しても駄目だということです。今度は分かりましたね。それでは、**判例百選**の判旨を見てください。『本件の委任文言』とは、法律にあった『政令の定めるところにより』という文言のことです。」

　「〔租税法律主義を定める〕憲法の趣旨からすると、法律が租税に関し政令以下の法令に委任することが許されるのは、徴収手続の細目を委任するとか、あるいは、個別的・具体的な場合を限定して委任するなど、租税法律主義の本質を損なわないものに限られる」。

　「憲法の租税法律主義がこのようなものである以上、本件の委任文言は、その抽象的で限定のない文言にかかわらず、これを限定的に解釈すべきものであり、追加的な課税要件として手続的な事項を定めることの委任……を含むものと解することはできない。」

　本件の政省令が、所定の証明書の添付を要するとした点は、「右の手続的な事項を課税要件とし、登記申請時に証明書の添付

> がなければ、後に証明書を提出しても軽減税率の適用がないとする部分は、法律の有効な委任がないのに税率軽減の要件を加重したものとして無効である。」
>
> （協同組合員登録免許税軽減事件控訴審判決）

姫：簡単ではありませんね。一見、広い委任のように見えるが実はそんなに広い委任ではないのだから、委任を受けた方が委任されていないことまで決めてしまったので無効になる、つまり「行き過ぎの命令だった」ということになるのでしょうか。

部長：でも、常識的に考えると、ポスターには書いてなくても応募要項にバーコードのことが書いてあれば、レシートを貼って応募して、後からバーコード５枚を出しても、応募は有効でストラップがもらえる、ということにはならないような気がします。

「ストラップのプレゼントであれば、おっしゃる通りだと私も思います。しかし、だからこそ、ここには『租税』の特徴が表れていると考えられます。そこで示されているのは、民主主義国家においては、国民はあくまでも自分の代表を通じて決めたものだけを『租税』として納める義務を負うのだ、という考え方の重要性なのです。その意味でも、課税要件法定主義は、租税法律主義の中核的な考え方だと言ってよいでしょう。」

4 租税法とその解釈に求められること

「さて、租税に関して重要な事がらはすべて法律で決めなければ

ならない、ということは分かってきたと思いますが、それでは、国会が法律で決める内容には、租税法に特有の制限はないのでしょうか。たとえば、令和2年度の財政が大赤字だから、令和2年に株式を売って得た所得の税率を前年度の2倍にする法律を、令和3年3月に立法したら、どうでしょうか。」

——それは何だかムリっぽいな、どうしてかは分からないけど。

——ガイダンスの時にうかがった、租税のミクロ的意義に関係すると思います。先生はこうおっしゃいました。現在のわが国の社会において「租税は私的経済取引を中心とする人の様々な活動に大きな影響を与えているという現実がある」。だから、「予測可能性の確保」、つまり、「こういう取引をするとどのような税負担が生じるかがあらかじめ分かっているようにすること」が重要だ、と。

「（少し驚きながら）自分の発言を正確に再現されると、なんだか恥ずかしいですね。」

——ところが、今のような法律を作ると、令和2年中に株式を売って所得税を払った後でいくら手もとに残るので何々に使おうといったプランが崩れてしまうから、予測可能性が害されて、困ったことになります。そんなに高い税金がかかるなら株式は売らなかった、という人もいるかも知れません。

　こう考えると、**形式的に法律で決める場合にも、その内容は予測可能性を害さないように注意する必要**があります。このことが租税法律主義の内容だとすると、憲法84条の解釈においても尊重されるべきポイントになります。

——分かるけど、税金が高いからって株を売ってもうけるのをや
　める人がいるのかなあ。

姫：簡単なことですわ。株式の税金が高ければ、金（きん）を買えばよい
　のです。

——（だんだん、悪役キャラが板に付いているような気がする……。）

「おっしゃるような制限があるとすると、現在の租税法には、納
　税者の予測可能性を確保することが求められていることになりま
　す。これは、**租税法律主義の自由主義的側面**と言ってもよいでし
　ょう。租税法律主義の自由主義的な側面に関する論点はいくつも
　ありますが、**租税法律の遡及立法に対する制限**は、その中の重要
　なものの１つです。まとめとして、今の議論に関係する最高裁の
　判決をあげておきましょう。」

> 　「憲法84条は、課税要件及び租税の賦課徴収の手続が法律で明
> 確に定められるべきことを規定するものであるが、これにより課
> 税関係における法的安定が保たれるべき趣旨を含むものと解する
> のが相当である」。（土地譲渡損失損益通算否定事件・最判平成23
> 年９月22日民集65巻６号2756頁）

——去年の分の税率を引き上げて課税してはいけないというのは、
　「課税関係における法的安定が保たれるべき趣旨」ってところ
　か……、難しい言い方だなぁ。

「それでは、今日の授業の最後のテーマです。『予測可能性の確
　保を重視する租税法律主義の考え方は、租税法の解釈手法とどう
　関係するか。』さて、いかがでしょうか。」

——先生、確認ですけど、この「解釈」というのは法律の解釈手
　法のことですよね。例の、「車馬通行止め」の看板がある道を、
　「馬は通れない」というのが文理解釈、「ゾウは通れない」と
　いうのが拡大解釈、「乳母車は通ってよい」というのが縮小解
　釈で、「身長15mの巨人は通れない」というのが類推解釈。最
　後に「歩行者なら通れる」というのが反対解釈、というヤツ。
「だれですか、そんな百年一日のような例で法学入門を教えてい
るのは……。ま、とにかく、そういう『解釈』です。」
学生たち：…………。
「それでは、そろそろお疲れでしょうから、頭の体操に架空の例
で考えてみましょう。昭和××年に『愛玩動物所有税法』が立法
されたとします。この法律の趣旨は、当時のネコを中心とする高
額な愛玩動物の飼育を贅沢だと考えて財産税をかけるというもの
です。ただし、多くの飼い犬は番犬などとして有益な動物だと考
えられていたので、イヌは非課税とする規定が作られました。そ
こで、この税は本当は『ペット税』と呼ぶべきですが、『ネコ
税』と通称されていました。この法律の下でウーパールーパーや
エリマキトカゲへの課税なども議論されて時は流れ、令和の世の
中になって気がつくと、飼い犬のほとんどは惰弱な座敷犬などの
小型犬で占められていてネコとの差はない、という実情だと判断
されたとします。言うまでもなく、これはすべて架空の事情です。
　さて、ここで問題です。このような状況の下で、法律を改正す
ることなく、室内で飼う座敷犬に『ネコ税』を課税することの、
メリットとデメリットは何でしょうか？」

姫：簡単なことですわ。愛玩目的という実態が変わらないのにネコには課税されてイヌには課税されないという不公平が解消される点がメリットです。イヌにはイヌの、ネコにはネコの癒しがあって、同じではないとも言えますけど。

——でも、そういう課税は、うちの子はイヌだから「ネコ税」は課税されない、と信じていた人たちの予測可能性を裏切ることになります。これがデメリットだと思います。

部長：あのう、そもそも、課税されるイヌとされないイヌは、どのように区別されるのでしょうか。小さくても警戒心が強くて大きな声で鳴くから番犬として役立つイヌが、マンションの室内で飼われていた場合は、どのように判断するのですか？

「この課税には、ご指摘のようなメリット・デメリットがありそうですね。そこで、最初におっしゃったように、ネコとイヌとの**課税の公平を重視すべきか**、それとも後の2人の発言にあったように、自分の飼っているイヌに課税されるかされないかという点に関する**納税者の予測可能性を重視すべきか**、という価値判断が問われることになります。ここで、遡及立法の制限に関連して述べたように、租税法律主義の自由主義的側面、すなわち予測可能性の確保の要請を重視するならば、日本語で『イヌ』と言えば動物学的にイヌであるものを指すのであり、それ以外の技術的な解釈は納税者の予測可能性を裏切るから許されない、という立場を採用することになります。」

——その場合は、**租税法は原則として文理解釈による**、ということとになるのですね。

「そうです。もちろん、租税法規の内容は非常に多様ですし、それが適用される場面も様々ですから、例外がないとは言えませんが、原則は文理解釈だということになります。

　この点に関連する最高裁判決で民集に登載された重要なものとしては、『期間』という言葉の解釈に関するホステス報酬事件（最判平成22年3月2日民集64巻2号420頁）があります。**判例百選**の13番事件です。これは皆さんの自習におまかせすることにして、今日は、その後の最高裁判決として、堺市溜池跡地事件、最判平成27年7月17日（判時2279号16頁）の方をお話ししましょう。

　重要な市町村税として固定資産税があります。土地にかかる固定資産税の納税義務者は、第1に、登記簿等にその土地の所有者として登記されている人で、これが死亡したり消滅したりしている場合等には、第2に、その土地を『現に所有している者』が納税義務者とされます。この最高裁判決の事案では、昔はため池などだった土地が現在では宅地などになっていて、登記簿等ではその所有者が分からない。ただ、土地が所在する大阪府堺市では、その土地をそれが所在する地区の住民の総有財産として市が作成する財産台帳に登録し、土地の管理・処分についてはその地区の自治会等の総会の決議によることとされていた、というものです。そこで、この自治会等を土地を『現に所有している者』だから固定資産税の納税義務者であると判断して良いか、が争われました。

　土地にかかる固定資産税は、ある市町村内に存在するすべての土地に課税するのが基本ですから、だれの土地か分からないから課税できないというのは異例の事態です。このことを重視した控

訴審判決（大阪高判平成26年2月6日判例地方自治400号71頁）は、ここで述べたような事情に照らして、この自治会等は『本件各土地の実質的な所有者と評価することができる』から土地を『現に所有している者』にあたり、固定資産税の納税義務を負うと判断しました。しかし、最高裁は以下のように述べて、この判断を覆したのです。

> 「租税法律主義の原則に照らすと、租税法規はみだりに規定の文言を離れて解釈すべきものではないというべきであり……このことは、地方税法343条の規定の下における固定資産税の納税義務者の確定においても同様であり、一部の土地についてその納税義務者を特定し得ない特殊な事情があるためにその賦課徴収をすることができない場合が生じ得るとしても変わるものではない。」
>
> 「ある土地につき、固定資産税の賦課期日においてその所有権が当該者に現に帰属していたことを確定することなく、……固定資産税の納税義務者とすることはできない」。

　所有者のようにふるまっている人——自治会等——がいるのに固定資産税を課税できないというのは、課税の公平という観点から見て、いかにもおかしい。それでも、『現に所有している者』という日本語は、『実質的な所有者と評価することができる』者と拡大して解釈することはできない、と判断したことになります。『租税法規はみだりに規定の文言を離れて解釈すべきものではない』という判示に、予測可能性の確保を重視する考え方が表れていると言って良いでしょう。」

　——つまり、だれかがイケメン君からすごく親切にされていると

いうだけで、告白されたかを確かめずに「実質的に恋人と評価できる」と決めつけてはいけない、ということか。

——（少しドキドキしながら）どうやったら、租税法の授業からそういう発想ができるのよ。

【考えてみよう】

(1)「所得課税法」（国会が立法した形式的な意味での法律）が以下のように定める場合の、租税法律主義との関係における問題点を考えてみよう。

　　第１条　居住者の各年分の所得金額に所得税を課する。

　　第２条　各年分の所得金額の計算については、政令で定める。

(2)　都道府県は軽油の取引について「軽油引取税」を課税する。この場合の「軽油」は法律上、科学的に定義されているが、そのほかに、「炭化水素とその他の物との混合物」で一定の要件を満たす「炭化水素油」もこの税の対象とされている。それは、昭和40年代に炭化水素油にアルコールを混ぜたものを軽油の代わりに自動車の燃料として使い、軽油引取税を回避する試みが行なわれたことに対応するものであった。

　　その後、技術が進歩し、炭化水素が全体の３分の１しか含まれていなくても、軽油の代用燃料となる「新製品」が開発された。この新製品は、軽油引取税が課税される「炭化水素とその他の物との混合物」にあたるかどうか、考えてみよう。

（「解答のてびき」は279頁）

【気になったときのために】

(1)　租税の意義と種類について
　　・金子・9頁〜22頁
　　・谷口・8頁〜9頁

(2)　租税法律主義について
　　・金子・78頁〜89頁
　　・谷口・26頁〜40頁
　　・増井・8頁〜11頁

(3)　租税法の解釈について
　　・浅妻＝酒井・217頁〜219頁
　　・谷口・40頁〜52頁
　　・増井・46頁〜51頁

(4)　関連する重要判例について
　　・ホステス報酬源泉徴収事件（**判例百選**13番事件、**ケースブック**§
　　　161.01）
　　・武富士事件（**判例百選**14番事件、**ケースブック**§162.01）

(5)　固定資産税について
　　・**税法入門**・108頁〜123頁

第3講　怖そうで怖くない租税法
──租税の種類とその手続──

　　大学の帰りに歩いていると、サイレンを鳴らして後ろから追い抜いて行った救急車がタバコ屋さんの前で停まるのが見え、お店に近づくとタバコ屋のおじいさんが担架に載せられて救急車に担ぎこまれるところでした。おばあさんは興奮のあまり半狂乱で担架に取りすがっています。このタバコ屋のおばあさんは小さいころにたくさん遊んでもらった親しい人ですから、とても見捨ててはおけません。

　　友達におじいさんに付き添ってもらうことにして、2人を載せた救急車を見送った後、やっとの思いでおばあさんをなだめながらいったん店内に戻り、保険証やお財布を入れたおばあさんの大きな袋を持って一緒にタクシーに乗りました。目指すは市立総合病院です。救急病棟の廊下の角を曲がると広めの待合室になっていて、ソファと低いテーブルが何組か置いてありました。

──（立ち上がって手を振りながら）こっち、こっち。着いてすぐにそこの救急治療室に運ばれました。10分くらい前です。それからは、まだ、何も……。

「（買ってあげた温かい烏龍茶の缶に口をつけて、少し落ち着いた様子で）歯が悪いほかは取り立てて病気のない、丈夫な人だったの

に。分からないモンだねぇ。」

──何をエンギでもないことを。大丈夫ですよ。

──そうですよ、虫歯で死ぬ人はいませんから。

1 どんな法律があるのか

「いや、いや、分からないモンだねぇ。総入れ歯で不自由してる
ほかはピンピンしていたのにねぇ。でも、あれかね、ワシが死ん
だら残ったものは全部お前にやるって言ってくれてたから、あの
店なんかを全部もらうとずいぶんたくさんの税金がかかるんだろ
うねぇ。お嬢ちゃんたちは大学に行ってるんだって？　わたしの
ころは女が大学に行くなんて考えもしなかったからなにも知らな
いでこの年齢（とし）まできたけど、お嬢ちゃんたちはなんでも知ってる
んだろうね。ひとつ、教えておくれよ。」

──なに、言ってるンですか。こんなときに。

「店の税金のことは、あの人が色々してくれていて、わたしゃ、
サッパリなんだよ。何しろ大学に行ったわけじゃないしね。」

──ヒャー、ああ見えて、おじいさんは大学出なんだ。もしかし
　　て帝大とか？

「あの人はたしか、高等小学校までだよ。で、このあいだもうち
の人の用事で税金を納めに税務署に行ったら、ここではないとか
言われて、ずいぶん怒られたんだよ。ねぇ、あの人が死んだらど
うなるのかね。物をもらうから贈与税とかいうのかね。教えてお
くれよ。」

──えっと、「もらう」と言ってもおじいさんが亡くなった場合

はおばあさんが相続しますから、贈与税ではなくて、相続税が
かかります。

―― （小声で）どうしたのよ、急に。

――何か気をそらす話題があった方がいいのよ、こういうときは。

――だって、あんたもあたしも租税法、習い始めたばっかでしょ。

――イチかバチか。間違ってもどうせここで聞いたことなんか覚
えてないわよ。

「なんだい、ひそひそ話なんかして。相続税かい。それは憲法に、
そう書いてあるんだね。」

――いえ、憲法には、人は法律に従って税金を納める義務がある、
ということと、税金をかけるときは税務署が勝手にやってはだ
めで、法律を作らないといけない、ということが書いてあるだ
けです。（カバンから小さな六法を取り出してペラペラめくると）
ここです。これを**租税法律主義**と言います。

> **【憲法】**
> 第30条　国民は、法律の定めるところにより、納税の義務を負ふ。
> 第84条　あらたに租税を課し、又は現行の租税を変更するには、
> 　　　　法律又は法律の定める条件によることを必要とする。

　これは、憲法14条１項の規定を税金にもあてはめて、同じよ
うな状況の人には同じように課税しなければならない、という
ように考える**租税公平主義**と並んで、租税法の大事な原則なん
です。

　まあ、とにかく、そういうわけで、どういうときに、いくらの税金がかかるかは国会が作る法律に書いてあって、おばあさんがおじいさんから相続する場合については相続税法という法律に書いてあることになります。

「そうかい、税金は別々に法律に書いてあるのかい。わたしでも所得税とか法人税とか消費税とかは名前を聞いたことがあるから、所得税法とか法人税法とか消費税法とかが、あるんだね。」

──そうです、その通り。

──おばあさんのお店はタバコ屋さんだから、たばこ税とかも払っているンじゃありませんか？

「たばこ税？　いや、そんな税金を納めに行ったことはないね。」

──そうですか。おかしいなあ。たしか、「たばこ税」という名前を聞いたことがあるし。市役所には「タバコはあなたの町で買いましょう！」って、デカデカと垂れ幕がかかっていますよね？

2　国税と地方税

「それはそうと、税金があるだけ法律があるんなら、ほかに、ウチが納めている税金だと、固定資産税法とか事業税法とか、ずい

ぶんいっぱいあるようだね。」

——あ、いや、固定資産税法とか事業税法とかはありません。

「どうして？　じゃあ、やっぱり固定資産税とか事業税とか、ウチが納めている税金は誰かが勝手にかけているのかね？　ひどいじゃないかね。」

——おばあさん、そう興奮しないで。税金をどこがかけているか、納税者から見ればどこに払っているか、ということで見ると、日本の国がかけている税金と、東京都や道府県や市町村がかけている税金とがあって、国がかけるのを**国税**、地方がかけるのを**地方税**と言います。国税は憲法に書いてある通り国会が法律を作ってかけますが、地方税は**地方税法**という法律に、市町村とかがどういう税金をどんな風にかけていいか書いてあって、そこで決められている範囲で、都道府県や市町村なんかの議会が税に関する条例を作って、それに従って税金をかけることになっています。条例というのは、地方の議会が作る法律みたいなものだから、その地方にだけかかる税金をこういう風に決めると、ちょうど、日本全国でかかる税金を法律で作るのと同じようになるわけです。これを租税法律主義になぞらえて**地方税条例主義**と言います。

「じゃあ、固定資産税を納めに税務署に行ったら怒られたのは、そのせいかい？」

——そうですね。国税は**国税庁**というお役所が東京にあって、その下に**国税局**、国税局の下に**税務署**があるという形でかけたり、集めたりしてますが、固定資産税だと市税だから基本は市役所

ですね、たぶん。それから、事業税は県の税金です。

「いいじゃないか、市役所と税務署なんて隣の建物なんだから。」

——ははは、そういうわけにはいかないでしょう。でも、税務署
　の人もひどいですよね、そのくらいのことで、おばあさんをひ
　どく怒るなんて。

「はぁ？　だれが税務署の人が怒ったなんて言ったかい？」

——だって、さっき……。

「違うよ。固定資産税を納めて来いって言われたんで税務署に行
っったら、丁寧に『ここではそれは払えません』と言われて、帰っ
てそう話したら、うちの人に『そんなのは当たり前だ』って、ひ
どく叱られたんだよ。」

——あの、そういうことは、省略せずに話してもらわないと分か
　りませんが……。

3　税金をかける手続

「それじゃ、あの人が亡くなって私にかかる相続税というのは、
市役所じゃなくて税務署が知らせてくるんだね。で、税務署に納
めるんだね。」

——いえ、最初から知らせてくるということはなくて……。

「ええっ、それじゃ納められないじゃないかね。どうするんだね。
大学に行ってるんだろ、教えておくれよ。そうそう（と、大きな
袋をガサガサ言わせて何か取り出すと）、商売物でアレだけど、お
礼にこれをあげるから。」

——あの、タバコをもらっても、あたしたち喫いませんから。

——（さりげなくタバコの箱を押し返しながら）最初から税務署がいくら払えって言ってくるのではなくて、おばあさんが、いくらのものを相続したからいくらの税金を払うということを税務署に知らせなくてはいけないことになっています。これを**納税申告**と言って、単に申告と言ったりもします。相続税みたいに、最初は納税者が行なう申告で、いくらの税金を払うかが決まるやり方を、**申告納税方式**と呼んでいます。さっき、おばあさんが話していた所得税も法人税も消費税も、たいがいの国税は全部、申告納税方式を採用しています。

「そんな、自分でいくらの税金を納めるか決めるなんて難しいよ。いくらくらいが相場かね。」

——神社のお祭りに町内会で寄付をするンじゃないですから、相場で払うのではなくて、おばあさんが自分で、法律に書いてある通りに計算して払う額を決めるンですよ。

「法律を、わたしが？　ひゃー、そんな無理だよ。どうかね、いっそ隠しちゃったらダメかね。税務署は調べに来るかね。そんときはあの人のお位牌を隠して、『うちの人はちょっとそこまで出かけています』なんて言ったりして、それで見つかったら、ひょっとして死刑かい？　ちょっとぉ困るよ。どうしたらいいんだか、教えておくれよ。大学に行ってるんだろう。そうそうタバコが要らなきゃ……これを使っておくれよ。」

——……大箱のマッチって、何に使えばいいんですか？

「寒いときに擦ると、暖かくなるよ。」

——あたしたちゃ、「マッチ売りの少女」か……。

「風呂の焚きつけに火をつけるのにも使えるし。」

——うちは電気温水器ですから。

「憎い相手の家に火つけをするのにもいいよ。丑の刻参りよりもマッチの方が、絶対、安全確実だよ。」

——現住建造物放火の教唆だわ、これは。

——（マッチの箱を断固として押し返しつつ）えっと、納税者に申告義務があるのに申告されない場合とか、申告された内容が間違っている場合とかには、今度は税務署の方から「いくら払って下さい」とか「申告書が間違っていて正しい税額は何円です」とかいうことを知らせてきます。これは行政処分です。（だんだん目が座って棒読み口調になる。）行なわれるはずの申告がなされないと**決定処分**がなされ、いったん行なわれた申告の内容が間違っているときは**更正処分**がなされます。更正処分は税額を増やしたりする**増額更正処分**と税額を減らしたりする**減額更正処分**の両方ができます。他方で、処分がなされる前に納税者が自分の申告の誤りに気づいた場合にどうすればよいかも法律で決まっています。前に出した申告を自分の不利なように、たとえば税額を増やすように変更するときは**修正申告**をすればそれで税額が変更されます。しかし、申告を自分の有利なように変更するときには、**更正の請求**をして税務署に税額を減らすような減額更正処分をしてもらわないと、納税者の行為だけでは税額は変更されません。こういうことは全部**国税通則法**という法律に書いてあります。

【図1】申告納税制度に関する手続

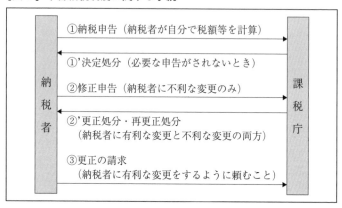

——さすが、鬼の記憶力。

「そんなにいっぺんに言われても分からないよ。とにかく、最初はこっちからいくら税金を納めるって知らせてやらなきゃならないけど、間違った、えっと申告っていうのかい、それをしても税務署の方で税金を増やしたり減らしたりして正しく直してくれるってことだね。そんなら最初に適当に申告しておいて、税務署に直してもらえば簡単なんじゃないかね。あ、それよりも何にもしないでほうっておいたら、税務署が『何とか処分』をしてくれて納める税金の額が分かるならそれでいいじゃないか。」

——う〜ん、適当に申告するっていうのは、やっぱりマズイんじゃないですか。たくさん払い過ぎたときに税務署が気がつかなかったら損しちゃうし、逆に足りなかったらすごいことになりますよ。

「え、まさか吊責め、苔打ちかね。よくテレビで見るけど。」

——江戸時代の百姓の年貢じゃあるまいし……。

——大丈夫です。そんな法律の規定はありませんから。

「やれやれ、ひと安心だね。」

4 正しい申告をしないとどうなるか

——でも、ほうっておけば、おばあさんのように適当に申告しよう、とか考える人が大勢出てきて**申告納税制度**はうまく働かなくなってしまいます。そこで、そうはならないように、正しい申告義務を果たさないと**加算税**という税金が上乗せされて、払わなければならない税額が割り増しになるという制度が作られています。たとえば、申告した税額が正しい税額よりも少ないときには**過少申告加算税**というのがかかるし、申告しなくてはいけないのに申告しないと**無申告加算税**というのが、もともとの税金のほかにかかってきます。いわんや税金をごまかそう、なんてしていたら**重加算税**というおそろしく重い税金が追加されます。だから、けっこう損ですよ。

「脱税で捕まるわけじゃないんだね。」

——やろうと思えば、納税者が税金をごまかしていて重加算税がかけられるような事件は、だいたい、脱税の罪——ほ脱罪っていうんですけど、それで起訴して懲役刑とか罰金刑とかいう目に遭わせることができるけれど、実際に起訴されるというのは本当にまれで、ほとんどの事件は加算税だけで終わるんだって教わりました。

——たしか、重加算税ってのは法人税だけでも年間2万5,000件から5万件近いオーダーでかけられてるのに、脱税して起訴されるのは全部の国税を合わせても、1年に百数十人くらいだって聞いたわよね。あまりのギャップにあたしでも覚えてる。

「それにしても、税務署はわたしがもらったものがいくらだとか、どうやって分かるのかねぇ。ひょっとして町内会にスパイでもいるのかな。『草』とか言うんだよね。それとも、今風に、なんとかネットでコンピュータのスイッチをポンと押すと全部分かるのかも知れないね。わたしゃ、コンピュータとか苦手でね。お嬢ちゃんたちは大学にも行ってるんだし、色々分かるんだろ。ねぇ、教えておくれよ。マッチも要らなきゃ、ほら、これ、ティッシュペーパーも何箱か持って来たし、ガムもあるよ。」

——いったい、どうしてそんなものをたくさん持ち歩いてるンですか？

「わたしにも分からなくてね。とにかく、お嬢ちゃんに『大事なものを袋に入れて』と言われて、気が動転してたからね、ちょうど公社の人が持ってきてくれたものがあったんでそれをとにかく詰めたのさ。色々入っていると便利だと思って。それで、税務署の話だよ。」

——（ガムだけポケットに入れながら）ありがとうございます……。
道理で重いはずだ。それにしても「コーシャの人」って誰だ？

——しっ。おじいさんが亡くなったこととか、おばあさんが何を相続したかとかいうことは、税務署には**税務調査**で分かります。

「裁判所の令状を持って来て、他人の家に勝手に上がり込んで探

してまわる、あれかね。よくテレビでやってるよね。」

——う〜、おばあさん、刑事ドラマとか時代劇とかの見過ぎ。よ
　くお昼の再放送も見てるでしょう。

「店番してるとヒマだからね。朝から見てるよ。」

——この前習ったばかりなんですけど、申告された税金の額が正
　しいかどうかを調べる税務調査というのは裁判所の令状なしで
　やるんです。その代わり、おばあさんが「ダメ」と言ったら、
　勝手にお店の中に入って来たり、戸棚を開けて帳簿を持ち出し
　たりはできません。

「ウチの戸棚にはお餅が入っているけど、帳簿はないよ。」

——それで「どこにあるんですか、見せて下さい」って言われる
　わけです。

——うまい！

「でも、嫌なら嫌だと言えるんだろ？　そしたら何も、税務署の
役人を座敷に上げてお茶を出す義理はないからね、そう言って帰
ってもらうよ。」

——たいていの納税者にはそういう義理はありませんから、それ
　では調査にならないでしょう？　それで、無理矢理おうちに上
　がり込んだりはできないけれど、もし、納税者がちゃんとした
　筋の通る理由もなしに調査を受けるのを嫌だと言ったり、嘘の
　返事をしたり、帳簿を隠して見せなかったりしたら、刑務所に
　入れたり罰金をかけたりすると、法律に決めてあります。裁判
　所の令状を持って来て相手が嫌だと言っても上がり込むやり方
　を「直接強制」、理由もなく嫌がったら罰金をかけたりするぞ

と威してシブシブ相手に協力させるやり方を「間接強制」と言って、**税務調査は間接強制で行なわれる**んです。

「はあ〜、わたしがこの年齢で裁判所に呼ばれたりしたら、草葉の陰であの人がオチオチ休んでいられないわね、じゃ、しょうがないから、税務署から人が来たら、黙って奥へ通してお茶でも出すかね。」

——帳簿とか書類とかを見せてあげさえすれば、お茶もお茶菓子も要らないと思いますけど。

「そうかね。ずいぶん前だけど、税務署から人が来たときに、うちの人が結構ペコペコして、『おい、お茶と羊羹をお出ししろ』なんて言ってたような気がしてね。」

——あんな小さなタバコ屋さんにも、税務調査ってあるンだ。ビックリ。

「あ、いやずっと昔だよ。お嬢ちゃんたちは覚えていないかね。タバコのほかにも色々扱ってて、人の1人も使っていたことがあったのさ。」

　　　おばあさんが遠い目をして壁を見つめていると、
　　ガチャッ
という音がして緊急治療室の扉が開き、緑の手術帽に同色のマスクをしたお医者様が出て来られました。3人は弾かれたように立ち上がってお医者様に駆け寄ります。

「先生、どうでしょう！　うちの人はこの病院で治していただけ

ますか？」

　　　　お医者様は厳重に結ばれたマスクの紐をはずしながら、ゆっく
　　　りと大きく、首を横に振ります。
「えっ！！」
──そんな。
──まさか……。

　　　　マスクをはずし終えたお医者様が説明して下さいました。

「餅菓子のようなものを噛んで飲み込むときに、義歯──入れ歯
をですね、一緒に飲み込んでしまいそうになったのです。しかし、
入れ歯と餅菓子を両方いっぺんに飲み込むことはできませんから、
それが喉の奥に引っかかって呼吸が困難になっていただけです。
入れ歯と餅菓子は無事、取り出しましたから、落ち着いたら帰宅
されて結構です。ただし、取れやすくなっている義歯は作り直す
必要があり、本院には補綴科がありませんので、この病院で直す
ことはできません。
　それでは、お大事に。」

　　　　　　　　＊＊＊　　　　　＊＊＊　　　　　＊＊＊

──という事件が、先週あったんです。
「そうですか。とにかくそのタバコ屋さんが無事で良かったです
ね。」

――はい、まったくです。今朝もおじいさんとおばあさんが２人でお店の前の舗道のお掃除をしていました。ただ、今でも、その餅菓子がどこにあったのかは分からないままなんですけど。

　　２人は「租税法」の授業の後で、先生を捕まえました。

――それで、先生、ちょっと分からないことがいくつかあって、質問してもいいですか？
「いいですよ。餅菓子の出自は分かりかねますが。」
――まず、「たばこ税」という税金はありますよね。
「あります。**たばこ税は国税**で、ほかに、**都道府県たばこ税**と**市町村たばこ税**があります。」
――そんなにいくつもあるンですか。じゃあ、どうして、タバコ屋のおばあさんがそんなもの払ったことがないって言ったんでしょう。ボケて忘れてたんでしょうか。
「いや、そうではなくて、たばこ税は国内のたばこ製造者と輸入たばこを保税地域から引き取る人が納税義務を負いますし、**地方たばこ税**は、その都道府県や市町村でたばこ製造業者や卸売業者がたばこの小売業者に製造たばこを売り渡す際にかけられて、製造業者や卸売業者が納税義務を負います。つまり小売業者である**タバコ屋さんは税込価格でタバコを仕入れている**わけであり、自分で直接に納税義務を負うわけではないから、分からないのですよ。ほかに酒税なども同じような作りをしていますね。」
――なるほど、そういう税金もあるんですか。それで、結局、税

込みで定価が決まるから、そのたくさんある**たばこ税**は、全部、タバコ屋さんでもなく**喫煙者が負担する**ということになるんですね。

――あの、「コーシャの人」ってだれだか、心あたりがありますか？

「公社とは日本専売公社のことでしょうね。大蔵省専売局をその前身として、今のJT、日本たばこ産業株式会社が昭和60（1985）年にできるまで、たばこや塩などの専売権を持っていた組織です。たばこなどの専売から得られる利益は専売納付金として国に納められていて、公社が存在した最後の年、昭和59年には、たしか1兆円を超えるお金が納付されたと記憶しています。それが、『たばこ税』などに変わったわけです。ついこの間調べたところだったのですが、昭和59年当時は法人税の税収が約11兆円、相続税の税収が8,750億円ですから、1兆円はかなりの額ですね。ちなみに平成30（2018）年だと国税としてのたばこ税の税収と地方税としてのたばこ税の税収がどちらも約9,900億円ずつで、合計で1億9,800万円だったと思います。昔の専売納付金や現在の国債など、**租税以外の国の収入**についても、一度調べてみると良いですよ。

　それにしても、今、商品を配達してくれているのは、本当はJTの人なのでしょうけど、おばあさんにとっては、今でも公社の人、なのでしょうね。」

――なんだ、そういうことだったのか。あたしは、また、秘密結社か何かと思っちゃいました。

――それから、おばあさんは相続税の税額が税務署から通知され

るものと思い込んでいたようでした。固定資産税とかを払いに行った経験があったみたいなのに、申告納税ということを全然知らなかったのは、どうしてでしょうか。

「国税では加算税など、ごく一部にしか使われていませんが、最初から課税庁の行政処分によって税額が確定する方式の租税があります。国税では**賦課課税方式**と呼ばれており、国税通則法の31条以下に規定があります。固定資産税とか個人事業税とかはこの賦課課税方式にあたる方式——地方税法では**普通徴収**というのですが——その方式で税額が確定しますから、税額を記載した**納税通知書**が送られてきて、その通りに税額を納付すればよいので、相続税もそれと同じだと考えたのではないでしょうか。ちなみに、**納税通知書にはどこでその税金を納付すれば良いか書いてある**はずなんですがね。」

——よく分かりました。教科書で賦課課税方式のことを勉強しておきます。

「結構ですね。それに機会を見て、**課税処分には期間制限**があり、原則として５年を過ぎると処分ができなくなるということもお話ししてあげるといいですね。」

——こりゃあ、今度タバコ屋さんのところに行く前に、ナカ兄^{にい}から話を仕入れとかないといけないね。

「だれです？」

——あ、先生もご存じだと思うんですけど、去年、法科大学院の先生の授業に全部出て成績が全部「秀」だった先輩なんです。今年は法科大学院の３年生です。

「ああ、あの彼ですか。」

——法律相談部の先輩なんですけど、彼女のイトコで小さいときから「ナカ兄」って呼んでいたのが抜けないみたいで。

「そうですか。彼なら良い話をしてくれるでしょう。あまり勉強の邪魔をしないようにね。それから、賦課課税の話から少し離れると、おばあさんのお店で従業員を雇用していたころは、その人に払う給料について**源泉徴収納付義務**もあったというようなことも、関連する論点としてあげられますね。」

——「源泉徴収納付義務」ですか？

「これは失礼。授業でまだ扱っていませんでしたね。『源泉徴収』というのは、現行の所得税の徴収方法としてさかんに用いられているやり方です。たとえば**使用者が従業員に給与を支払うときに、あらかじめ法律で決められた金額を差し引いて**——これを俗に『天引き』と言います——残りを従業員に支払い、差し引いて**手もとに残った税額を翌月10日までに国に納付しなければならない、という義務**を給与所得の源泉徴収納付義務と言います。

【所得税法183条 1 項】
　居住者に対し国内において第28条第 1 項（給与所得）に規定する給与等（以下この章において「給与等」という。）の支払をする者は、その支払の際、その給与等について所得税を徴収し、その徴収の日の属する月の翌月10日までに、これを国に納付しなければならない。

何しろこういう場合には、支払う側は相手がいくら受け取った

かを確認することが非常に容易——自分が支払った額と同じ——ですから、そういう便宜な立場の人に源泉徴収納付義務を負わせて、所得税制を執行するコストを全体として下げるところに合理性がある制度と考えられています。もちろん、源泉徴収された従業員の側から見れば暫定的に自分の税金を前払いした、という感じになりますから、必要に応じて、後に確定申告書を提出して税額を精算することになります。しかし、これについては、判例などもあって、一筋縄ではいかない問題がありますから、もう少ししたら時間をとってご説明します。」

——分かりました。では授業でうかがうのを楽しみにしています。

「それにしても、何というか、おふたりとも見かけによらず優しいというか……。」

——先生、「見かけによらず」って、どういう意味でしょうか。

「あ、これは大変失礼しました。撤回してお詫びします。すみませんでした。そうですね、『普段、客観的に観察されている言動から推測される結果と比較して』という趣旨でしたが、単に人の外見のみをとらえているかのような誤解を生むおそれのある不適切な表現でした。反省します。」

——いや、表現が正確でありさえすればいいというわけではなくて……。

【考えてみよう】

(1)　おじいさんが亡くなって財産が遺されたときに、税金のことが何も分からないおばあさんが自分の相続税の納税義務をきちんと果たすためには、どうすればよいだろうか。

(2)　「申告納税制度」の利点はどういうところにあるだろうか。また、この制度が機能するためには、どのような条件が整うことが必要だろうか。

（「解答のてびき」は281頁）

【気になったときのために】

(1)　課税の手続や加算税について
　　・浅妻＝酒井・10頁～15頁
　　・岡村ほか・299頁～331頁
　　・佐藤・369頁～435頁
　　・谷口・117頁～166頁

(2)　源泉徴収手続について
　　・浅妻＝酒井・16頁
　　・佐藤・436頁～443頁

(3)　国の歳入の予算について
　　・財務省ウェブサイト
　　　　（http://www.mof.go.jp/budget/fiscal_condition/index.html）

(4)　加算税の課税やほ脱犯処罰の状況等について
　　・国税庁ウェブサイト
　　　　（https://www.nta.go.jp/publication/statistics/kokuzeicho/tokei.htm）

II

GW から梅雨のころ
～租税法を見てみよう～

ここで学ぶこと
 ・日本で重要な租税にはどのようなものがあるか
 ・地方がかける税金にはどのような問題があるか
 ・別々の国で税金をかけられるとどのような問題が起こる
  か
 ・租税が政策実現のための手段として用いられるとはどう
  いうことか

第4講　主な税金を比べてみると
──所得税・法人税・消費税──

　5月第1週の連休の合間の平日。今日は総合図書館7階の「読書・学習ホール」で待ち合わせをしています。ここは「私語厳禁」の一般閲覧室と違って、大声を出したりしなければ普通の会話は許されているので、ゼミ報告の打合せや勉強会の下調べなどに学生たちがよく使う場所です。

　エレベーターホールからそのまま続いている入口から入ると、向かって左手にゆったりした閲覧スペースが広がり、右手には背の高い書架が数十列並んでいます。ここには事典や統計資料などの参考書と各分野の代表的な教科書などが配架されています。

　目で探していると、書架スペースに近いあたりに先輩と友達が座っているのをみつけたので、急いでそのテーブルに向かいました。テーブルの上にはすでに何冊も租税法の本が積み上げられています。

──おはようございます。お忙しいところ、つきあわせてしまって、すみません。

「いや、ずっとレポートを書いていても能率が下がるし、『租税法』はオレにとっても司法試験科目だから復習になっていいんだよ。」

──ぶー、ぶー。あたしのときと反応が違う。「お前につき合っ

ても時間の無駄だ」とか言ってたくせに。

「それは『お前に』だろ。別に、矛盾したことは言ってないと思うけど。」

——まあ、とにかく、この連休が明けたら「租税法」の授業でも本格的に所得税法、法人税法、消費税法なんかに進むと言われたので、その予習を少し見ていただけると助かります。よろしくお願いします。

「はい、よろしくお願いされました。」

1 どのくらいの規模の税か

「で、先生はどういう風に予習しなさいって言ったんだい？」

——細かいことはおいといて、とにかく「所得税」「法人税」「消費税」の３つの税金を、何かに目をつけて比較する、というのを何通りもやっておくといいとおっしゃっていました。それで、私たち教科書とか読んで、色々調べてみたので、それが間違ってないか見て下さい。

「（「ん？」というように不審な眼差しを投げかけながら）教科書？」

——（あわててごまかすように）そうそう、そういうわけ。最初は何？　納税義務者あたりからいく？

「ちょっと待った。なぜ、その３つの税金なんだ？」

——それは、この３つの税金を授業で扱うからで……。

「だから、なぜ、その３つの税金を授業で扱うのか、その理由は考えたのか。」

——そんなの、先生が決めた通りに授業を受けるしかないじゃな

い。キョウカの「日本史」なんて鎌倉時代だけ26回やったし、「経済史」は「カール・マルクス先生の生涯」だったし、大学の授業ってだいたいそういうものでしょ。

「これまでのキョウカ——全学共通科目とかは知らないけど、これからの、少なくとも法学部の授業ではそうはいかないだろう。……**受講している学生に、なぜ自分の授業でこの内容を扱うのか説明できない教師なんて、教壇に登る資格はない。**」

——ナカ兄、過激、でもカッコいい。

「って、あの先生自身が言ってたからね。」

——なんだ、受け売りか。

——租税法の初心者が学ぶのに「やさしい」または「初歩的」だから。または、何らかの意味で「重要」だから。この２つくらいの理由を思いつきますよね。先輩、所得税なんかは「初歩的」な税金なんですか？

「断言するが、そうではない。所得税について、初歩の所得税法とか、中級の所得税法とかという段階はあるだろうけど、たとえば所得税が消費税よりも初歩的だ、というような比較は成り立たないと思う。」

——じゃ、この３つの税金が大切なんだ。でも、税金が「大切」ってどういう意味だろう？

——量とか、規模とかかなあ。先輩、税金に関する統計が簡単に見られる本ってありますか？

「あるよ、『**国税庁統計年報書**』といって、この部屋にもあるはずだ。探してごらん。」

——……（本棚の方から1冊の黒い本を持って帰って来ながら）あ
りました。最新のものは、『第144回国税庁統計年報書　平成30
年版』です。

【図1】国税における税目別の構成比

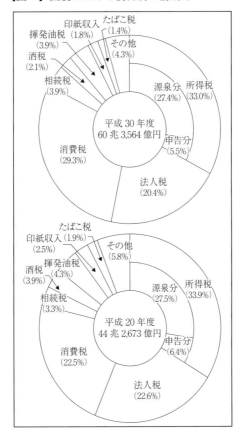

――あ、あたしこれダメ。半分は英語で書いてある。

「早とちりするな。日本語とその英訳だ。日本の国税庁も日本人以外を相手に色々と発信しないといけないからだろう。」

――まず、税収で見ると、**平成30(2018)年には60兆3,564億円の税収のうち、所得税が33.0%、法人税が20.4%、消費税が29.3%でこの３つを合わせただけで、82.7%と税収の８割超**になっています。比較に平成20(2008)年のグラフも出ていますが、この年度の44兆2,673億円の税収のうち、所得税が33.9%、法人税が22.6%、消費税が22.5%を占めていて、やはりこの３つで税収の約８割を占めています。

――税金が国のお財布をまかなうという役割を果たす上で、この３つの税金が圧倒的に多くて重要ってことね。

「それは、逆に言えばそれだけの税金を国民が負担しているわけであり、それだけ国民の財産権を侵害しているという点で重要だとも言える。」

――具体的な税額は……あれっ、平成30年度で法人税は12兆3,180億円、消費税は17兆6,809億円と出ていますが、**所得税は「源泉所得税」16兆5,650億円、「申告所得税」３兆3,356億円となっていて「所得税」というくくりになっていません。**

――よく見ると、さっきの比率のグラフでも、33.0%の内訳が「源泉分」27.4%、「申告分」5.5%と書いてある。ナカ兄、これはどうして？　「所得税」というのは１つではなくて、「源泉所得税」と「申告所得税」の２つがあるわけ？　あたしが調べたときにはそういう風にはなっていなかったような気がするン

【表１】税目別の租税及び印紙収入決算額（一般会計分）

区　　　分	平成29年度	構成比	平成30年度	構成比	伸び率
	億円	％	億円	％	％
源泉所得税	156,271	26.6	165,650	27.4	6.0
法　人　税	119,953	20.4	123,180	20.4	2.7
消　費　税	175,139	29.8	176,809	29.3	1.0
申告所得税	32,544	5.5	33,356	5.5	2.5
相　続　税	22,920	3.9	23,333	3.9	1.8
そ　の　他	81,048	13.8	81,236	13.5	0.2
計	587,875	100.0	603,564	100.0	2.7

だけど。

——所得税は申告納税方式を採用している、と習いましたから、この「申告所得税」というのがいわゆる「所得税」のことなんですか？

「お、さすがにいいところに気づいたな。その２つはどちらも『所得税』だ。だから構成比は両方合わせて33.0％、平成30年度の税収の約３分の１を占めているというように表されている。違いはどんなやり方で計算され、納められているかという手続にある。『源泉所得税』というのは、源泉徴収という方法で徴収された所得税という意味であり、『申告所得税』というのは申告納税された所得税という意味なんだ。」

——源泉徴収というのは、たしか、給料とか利子とかを払う人があらかじめ概算で所得税分を差し引いておいて国に納付する方法ですよね。じゃあ、申告納税方式と言っても、**所得税のうち**

ほとんどの部分は申告納税されていないということですか。ど
　　うしてこういうことになるのか、教えて下さい。
「う〜ん、今、そういう細かい話に入るのは、あまり適当ではな
いと思う。それよりも、今度は納税者数——どのくらいの人数の
国民がその税金に関わっているのか、ということを見てごらん。」
——何だかはぐらかされたような気がしますけど、じゃあ、いい
　　です、そうします。
——えっと、これかな。「申告所得税」の項目で、「平成30年分の
　　所得税の確定申告書を提出した人員等（……）は22,189千人」、
　　へぇ、2,200万人も確定申告をしたんだ。
「その数字でもいいんだが、こっちも見ておいてほしい。『申告
納税額のあった者は6,390千人』。」
——約640万人ですか、2,200万人とはずいぶん違いますね。「還
　　付申告をした者」が1,300万人もいるので、大きく違うんですね。
　　このふたつはどう違うのですか。
——「申告納税額のあった者」というのは、税金を納めます、と
　　いう申告をした人のこと。この申告をして、申告書に書いた税
　　額を納付する義務を負うことになる人たちだ。
　　　それに対して、「還付申告」というのは、納めすぎた税金を
　　返して下さい、という申告だ。さっきの源泉所得税とも関係す
　　るんだが、この1,300万人の９割くらいは、給与や年金から源
　　泉徴収されたけど、本当に納付すべき税額が徴収されたよりも
　　少なかったので、確定申告をして税金を返してもらった人たち
　　だ。だから、この人たちまで入れて源泉徴収された人数と足す

と、大幅にダブるので、ここでは申告をして納税した640万人
　の方を覚えておこう。

――2,200万人も確定申告をするのに、税金を払う申告をしたの
　はそのうち640万人しかいないのか、ちょっとビックリ。

「次は源泉徴収の方だが……。」

――源泉徴収義務者数は、「給与所得3,532千件（前年3,536千件）、
　報酬・料金等2,847千件（同2,849千件）、配当所得147千件（同
　145千件）」、これの合計がだいたい650万件弱ぐらい。

　　2つ合わせても1,290万人ということは、日本の人口は1億
　2,000万人くらいだから、いくら未成年者や専業主婦が納税義
　務を負わなくても、全然足りないような気がします。

「ふふふ、その2つを足しても、なんの意味もないよ。640万人
　の方は、自分に所得があって申告した人、もう一方はだれかにお
　金を払って源泉徴収納付義務を負った人だから、ダブっているこ
　とも多いだろうし、その両方に関わらない人もいる。でも、この
　数字が所得税の納税義務を負っている人の数をまったく表してい
　ないことは確かだね。こっちの『種類別の源泉徴収納付義務者
　数』の『給与所得』の欄と『給与所得者数』というところを見る
　と安心するかな。平成30年の給与所得者数は約5,026万人で、個
　人と法人を合わせて353万人社がその人たちについて源泉徴収納
　付義務を負っている。」

――5,026万人のサラリーマンなんかが合わせて353万カ所の個人
　商店や会社に勤めているってイメージすればいいのね。

――その数字だと、なんとなく、感覚的にわたしの印象とも合い

【表2】給与所得者数、源泉徴収義務者数、源泉徴収税額

	給与所得者数（千人）		給与所得の源泉徴収義務者数（千件）	給与所得の源泉徴収税額（億円）
		内納税者数（千人）		
平成25年分	46,454	38,969	3,543	93,530
26	47,563	40,259	3,543	97,811
27	47,940	40,514	3,540	101,736
28	48,691	41,122	3,543	103,921
29	49,451	41,957	3,536	107,054
30	50,264	42,778	3,532	111,800

（第139回国税庁統計年報書第7表、第9表、第11表により作成）

ます。

「この約5,000万人の中には定職に就いているいわゆるサラリーパーソンのほかにパートやアルバイトも含まれているはずだが、それはともかく、**5,000万人を超える給与所得者の多くは申告納税をしていない**——申告して納税した人は全部で640万人くらいだし、もちろん、その中にはサラリーパーソン以外の人もたくさんいる——が、それでも、所得税の納税義務は負っているということは覚えておこう。次は、法人税。どのくらいの数の法人が法人税を払っていると書いてあるかい？」

——「**法人数は313万2,210社（前年310万5,959社）**」と書いてあるから、だいたい310万社くらい。

「ところが、そこだけ見ててもダメなんだ。もう1つ、『**欠損法人**』とその割合が書いてある表があるだろう。」

——ん、あ、これ、平成30年で稼働中の内国普通法人の数が

【表3】法人数、所得金額、税額

区　分	法人数	伸び率	所得金額	伸び率	税　額	伸び率
	社	%	億円	%	億円	%
平成25年度	3,007,011	0.7	528,512	17.8	108,207	9.4
26	3,019,425	0.4	579,021	9.6	110,291	1.9
27	3,048,074	0.9	610,409	5.4	112,599	2.1
28	3,078,927	1.0	629,248	3.1	111,060	△1.4
29	3,105,959	0.9	702,340	11.6	123,459	11.2
30	3,132,210	0.8	727,757	3.6	126,579	2.5

(注) 1　各年度とも、翌年6月30日現在における法人数及びその年の4月1日から翌年3月31日までに事業年度が終了した法人の所得金額及び税額について示している。
　　　2　法人数は法人課税課調

　2,725,293社、そのうち1,692,623社が「欠損法人」で、**その割合は62.1％**。

——「欠損法人」って何ですか？　まさか、取締役がいないとか、株主総会が欠けてるとか、そういうことじゃないですよね。

「違う、違う。その年度に所得がなかった法人のこと。だから『赤字でした』という申告はするけど、実際にその年に法人税を負担するわけではない。」

——ええっ、**全体の約6割の会社は法人税を払っていないってこと？**

「平成25年の欠損法人の割合は68.2％だから、7割近い。それがこの5年間はだんだんと改善されてきたというところかな。全部の法人が法人税を払っているというわけではない、ということは

【表4】法人数、欠損法人、欠損法人割合

区　分	法人数	利益計上法人数	欠損法人数	欠損法人割合
	社	社	社	％
平成25年度	2,585,732	823,136	1,762,596	68.2
26	2,605,774	876,402	1,729,372	66.4
27	2,630,436	939,577	1,690,859	64.3
28	2,660,125	970,698	1,689,427	63.5
29	2,693,956	1,006,857	1,687,099	62.6
30	2,725,293	1,032,670	1,692,623	62.1

（注）　1　各年分とも、稼働中の内国普通法人について示している。
　　　　2　連結申告を行った法人については、1グループを1社として集計している。

覚えておこう。じゃ、最後、消費税。」

――「平成30年分の消費税の納税申告件数は2,989千件（前年2,986千件）」「一方、還付申告件数は188千件（同180千件）」と書いてあります。これも、納税申告というのが税金を払う申告、還付申告というのが税金を返してもらう申告ですね。単純に足していいのなら、1年間に310万枚以上の申告書が提出されているとイメージすればいいんでしょう。

「ここまでで分かったことを簡単にまとめると……？」

――所得税、法人税、消費税の3つの税金でだいたい日本の税収の8割くらいを占めています。そして、法人税だと310万社くらいの法人に関わっていて、消費税も310万人以上の個人や法人に関わっているみたいです。所得税は少し難しいけど、640万人ずつくらいの人が自分の申告をしているほか、ここには出

て来ない納税者が大勢いる——サラリーマンなどの給与所得者だけで5,000万人以上もいる、ということです。

——簡単に言えば、この３つの税金は、日本の国の主たる収入源であり、メチャクチャな数の個人や法人に影響しているってことね。

——そういう重要な税金だから授業でも取り上げるんだ、ということが実感できました。

「よしよし。これで３つの税金の比較として、税収面と関わる国民の数——面倒だから法人もこれに入れて数えるとして、その２つのポイントを押さえたわけだ。」

【図２】租税及び印紙収入決算額（一般会計分）

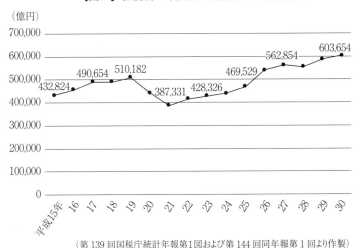

（第139回国税庁統計年報第1図および第144回同年報第1回より作製）

——ねぇ、ナカ兄、税金の内訳とかは別にそれでいいんだけどさ、これ見ると「租税及び印紙収入（一般会計分）」ってのの総額は、増えたり減ったりだね。

——そうね、平成15年度からだんだん増えてピークは平成19年度の約51兆円。そこから減って底が平成21年度の約39兆円。で、また増えて直近の平成30年度が約60兆円ね。

「税収は景気にも左右されるし、景気が悪くなるとさらに景気対策で減税したりもするし、ブレはあるよ。でも、平成21年なんか38兆7,331億円しかなかったなんて、税収がこんなにやせちゃうと心配になるよな。」

——「財務省のやせ方講座」に人気殺到、なんてね。でも、51キロから39キロまで減らすってのは、ちょっとやり過ぎかな。あ、だからリバウンドが来ちゃってるのか。て言うより、さてはもうあきらめたな、60キロ超えということは。意志が弱いなあ、もう。

「税収と体重を一緒にするんじゃない。第一、お前はすぐ、ダイエット、ダイエットっていうけど、オレは女の子は少しぽっちゃりしてる方が可愛いと思うぞ。」

——（そうか、すこしぽっちゃりが好みか……良かった。）

「さ、こんな話ばっかりしていると予習が先に進まない、次に行こう。」

2 だれが払うか、何にかかるか

——で、今度こそ、納税義務者。

「お前、どうしても、それをやりたいらしいな。」

──だって、ここ、あたしが調べたんだもの。

「分かった、分かった。じゃ、言ってみろ。」

──（書いてきたメモを見ながら）まず、**所得税の納税義務者は、日本に住んでる個人、これを「居住者」と言います。**あ、「住んでいる」というのは「住所を有し、又は現在まで引き続いて１年以上居所を有する」って意味だって書いてあった。ほかに技術的な理由から法人が納税義務者になったり、国際的な取引の関係で居住者でない個人──こういう人は「非居住者」と呼ばれている──が納税義務者になったりすることがあるけど、とにかく、中心的な納税義務者は居住者。

　次に法人税の納税義務者は法人。所得税と同じように外国の法人も納税義務を負うことがあるけど、**基本は日本の法人。**ただし、民法でやった**権利能力のない社団・財団**は租税法では「人格のない社団等」と呼ばれていて、それぞれの法律で「法人とみなして、この法律の規定を適用する」って決めてあるから、**法人扱い。**そのほかにも何だかややこしい例外はあったけどサラッと無視して、要するに基本的には、人の集まりをみつけて、それに法人格があれば法人税、なければ所得税の世界、という割り切りになっている。

──すごい。教科書とか見てもなかなかピンと来なかったのに、スッキリまとめられてる！

「そりゃあそうだろう。去年の授業で配られたプリントをオレのところから持って行って抜き書きしてるんだから、このメモ。」

――あ〜、バラすなんてひどいよ。黙っててって頼んだのに。

「ほら、次、最後に消費税の納税義務者。」

――これがややこしいんだよね。まず、**普通に日本の国内で取引
するときは**、個人事業者と法人、つまり、**法人は全部が消費税
の納税義務者、個人は事業をやっている人だけが納税義務者**に
なる。これに対して、**外国からモノを買うときの取引は、国内
で買った人は誰でも納税義務を負う**。インターネットで外国か
らCDのセットを買ったりすると事業をしていない普通の人で
も消費税を納めなきゃならないってことだね。

――何かおかしくない？　わたしたち、買い物するたびに「消費
　税を合わせまして1,100円」とか言われて払ってるよね。それ
　なのに納税義務者じゃないわけ？

――あ、そう言われればそうだ。プリント読んでまとめるのに精
　一杯で、あんまりそういうことは考えなかった。

「ダメダメ、**書いてあることを丸々記憶するだけじゃ法律の勉強
にはならない**って、いろんな科目の授業でさんざん聞いただろう。
今のキミの疑問は、まず、『納税義務者』というのがどういう意
味を持っているかを押さえておかないと解けないね。おい、『納
税義務者』の定義は？」

――えっと、（あわてて教科書をめくっている）あった、ここね。

> 　本来の納税義務の主体、すなわち租税法律関係において租税債
> 務を負担する者を、納税義務者または租税債務者という。
>
> （金子・156頁）

……でも、これって、「納税義務の主体」を「納税義務者と
　いう」というだけだから、なんとなく堂々めぐりみたいな定義
　だね。
「あのな、大事なところを読みとばしておいて教科書に文句をつ
けるとはいい度胸してるじゃないか。肝心なのは『租税法律関係
において』というところだ。**租税に関する法律を適用していくと
きに『あなた税金を払って下さい』と言われるのが『納税義務
者』。**」
——お店で消費税を払っても、租税法律関係では払っていないこ
　とになるんですか？
「租税法律関係の中で払えと言われるってことは、たとえばキミ
が自分の所得税について申告義務があるのに知らんぷりをしてい
れば、『税額はいくらです』いう**決定処分**が来るし、それでも払
わなければ**督促、滞納処分というような手続がキミに対して行な
われる**ということだ。それに対して、店頭で**本体価格1,000円の
商品を受け取って1,000円しか払わずにサッと逃げたら、お店の
人は追っかけて来るだろうけど、税務署が『100円払え』の処分
をキミに対して行なうことはない。なぜなら、消費税の納税義務
者はさっきコイツが言っていたように、個人事業者および法人、
つまり、『お店の経営者』だからだ。
　違う言い方をすると、キミがお店に払っている100円はあくま
でも消費税『分』であって、消費税額そのものではない——あえ
て言えば商品の対価の一部だ。反対に、お店の経営者はキミが消
費税分を払おうと払うまいと、法律に従って計算した税額を納付

する義務を負うし、それを果たさなければさまざまな行政処分の対象になるわけだ。」

——教科書にさっきのところの続きで「これは」って、納税義務者って意味ね、「これは、担税者、すなわち経済上租税を負担する者とは異なる観念である。……『消費税』・酒税等の間接消費税の場合は、徴税の便宜を考えて、最初から担税者とは異なる者が納税義務者とされている。」って書いてあるのは、そういうことだったのか。

「そう、消費税の場合、**担税者はお客さんで、納税義務者はお店の経営者**ということになるね。」

——それと、もうひとつ気になったんですけど、消費税の納税義務者は個人事業者と法人全部でしたよね。でも、さっきの法人税の納税義務者数とかと比べると、法人だけで約310万社もあるし、所得税を申告納税している640万人くらいの中にも個人事業主が何百万人もいると思うんです。それなのに、さっき見た消費税の申告件数は310万件くらいでしたよね。これってなんだか計算が合わないというか……。

「スルドイな。えっと、そもそも今まで話してきた中で単純に『法人』とか言っているけれど、厳密にいえば法人税法で納税義務を負う法人と消費税法で納税義務を負う法人とは意味が違う。詳しいことは授業で習うとして、簡単な例を1つあげると、国とか地方公共団体とかは法人税法上は『公共法人』と言って法人税の納税義務を負わない。ところが、消費税については、納税義務を負わない例外をできるだけなくそうという考え方から、たとえ

国の機関であっても納税義務を負うのが原則だ。」

——国が、国に対して納税義務を負うんですか？

「そう。オレが習った例だと、郵便がある。今は日本郵便株式会社とかになっているけど、あれは昔は国が自分でやっていた郵政事業だよな。で、利用者は葉書や手紙を届けてもらうというサービスを受けるわけだから、さっきの話だと、そのサービスを提供した国に納税義務が発生していたわけだ。

　もう一方で、法人にせよ個人にせよ、規模が小さくて消費税の計算をイチイチさせるのはかわいそうだというもの——具体的には一定期間の売上高が一定以下の個人や法人については、原則として消費税の納税義務が免除される仕組みもある。消費税が始まったころは、１年間の売上高が3,000万円以下だと納税義務を負わない仕組みだったから、だいたい、全事業者の３分の２は免税事業者だったんだ。だから、結果的に提出される納税申告書の枚数はずいぶん減るわけなんだな。その後、平成16（2004）年４月からは1,000万円を超える売上高があれば納税義務を負うように改められて、免税事業者は４割程度に減ったと習ったな。」

——予習のときはシンプルでいいけど、実際に勉強し始めると、けっこうメンドそうだなあ。

「そりゃ、仕方がないさ。大雑把な制度じゃ、しょせん上手く行かないだろう。」

——そうですね、覚悟します。で、次は、**課税物件**の比較でいいですか。

「うん、いいよ。」

――さっきみたいなことにならないように、まず定義を押さえて
おきますね。

> 課税物件とは、課税の対象とされる物・行為または事実のこと
> で、納税義務が成立するための物的基礎をなす。
>
> （金子・177頁）

　平たく言うと、**なにに税金がかかるか**を考えたときの、その
「なに」っていうのが課税物件です。

　それで、なにに税金をかけているかというところに目をつけ
ると、**所得税の課税物件は、納税義務者**――原則的には居住者
である個人が手にする「所得」です。所得税法7条には「所得
税は、……所得について課する」と書いてあります。法人税も
同じで、**基本的には法人の所得に税金がかかる仕組み**になって
います。法人税法5条に「内国法人に対しては、各事業年度…
…の所得について……法人税を課する。」と書いてあるのが、
中心的な規定ですね。

　ここまではすぐ分かるんですけど、次の消費税が難物なんで
す。消費税法を見ても「消費に税金をかける」という規定がみ
つからなくて……。

「目の前の事実を否定しても始まらないさ。法律には何と書いて
あったんだい？　所得税や法人税と同じような書き方の条文があ
っただろう？」

――ありました。消費税法4条です。

> **【消費税法４条】**
> 第１項　国内において事業者が行つた資産の譲渡等……には、この法律により、消費税を課する。
> 第２項　保税地域から引き取られる外国貨物には、この法律により、消費税を課する。

——ホントだ、「消費に課する」って書いてない。じゃあ、消費税の課税物件は消費じゃないのかな。何か看板にウソ、イツワリ有りって感じ。

「（税法六法を開けながら）この法律を見てごらん。」

——「税制改革法」の第10条ですか……。

——変な名前の法律。これホントに実定法なの？　えっと、あ～、ホントだ。ここに「消費に広く薄く負担を求める消費税を創設する。」って書いてある。これだと、たしかに消費に税金をかけるという感じよね。

「現行消費税の本当のターゲットは国内で行なわれる『消費』なんだけど、技術的な理由から事業者が行なう取引に着目して仕組みを組み立てている」んだ。納税義務者が消費をしている個々人とされていないのと一緒だよ。ほら、キミたちが物やサービスを消費しようとすると、それをお店から買って来るとか映画館に行って映画を見るとかする必要があるだろ。苦しい説明だけど、それを裏から見ているっていうか……。」

——でも、**お店からお店に売り買いする**ときもありますよね。

「だから、そういうときには実質的に税金がかからないように、

色々と手当をする必要がある。**仕入税額控除という仕組み**を使うんだ。ただ、それは消費税の授業でミッチリやるから、今のところは疑問のままにしておいたらいいと思うよ。その方がかえって、勉強する気が起こるからね。」

3 所得税と法人税

「さて、消費税は全然別モノということが分かったけど、所得税と法人税の仕組みも、ついでに比べておこう。調べてみたかい？」

——調べたんですけど、同じ「所得」に課税すると言ってもあまりにもバラバラで、何と言ったらいいのか分かりません。

「そんなに難しく考えることはないさ。まず、シンプルな法人税の方からいくと、一番原則的なところだけでいいから、どういう作りで課税することになっていたかな？」

——一番原則的なところというと、「内国法人の各事業年度の所得」に税金をかけるというところですよね。そうだとすると、法人税法22条１項がそれにあたりますか。

【法人税法22条１項】
　内国法人の各事業年度の所得の金額は、当該事業年度の益金の額から当該事業年度の損金の額を控除した金額とする。

　　法人の所得金額＝益金の金額－損金の金額

です。これに税率をかければ、法人税の額が計算できます。

「そう、その通り。つまり、**法人の所得は１種類**だ。所得税はど

【図３】所得税の計算手順の概念図

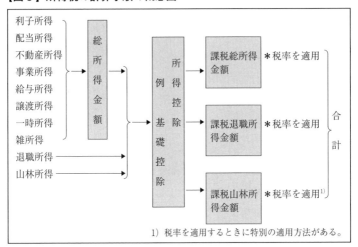

1) 税率を適用するときに特別の適用方法がある。

うだった？」

――あ、そう考えればうまく比べられますね。**所得税の所得は、**
……（税法六法を見ながら）利子所得、配当所得、不動産所得、
事業所得、給与所得、退職所得、山林所得、譲渡所得、一時所
得、雑所得の**10種類に分けて計算する**ことになっています。

「でも、分けっぱなしではない。」

――はい、**いったんバラバラに計算した後で、特別扱いする退職
所得と山林所得を除き、残りの８つを全部足して１つの所得**…
…えっと……**総所得金額**という金額にします。

――さっきの、「益金−損金」って計算はどこでやるの？

――それぞれの所得ごとに、引き方が決まっているみたい。利子

所得だと何も引かないとか、事業所得だと必要経費を引くとか、給与所得だと給与所得控除というのを引くとか、とにかくバラバラ。そして、全部足した総所得金額からさらに、一定のものを差し引いた——これは所得控除と言うのね——その残りに税率をかけることになっているわけ。

——どうして、法人みたいにシンプルに1種類ってことにならないのかしら。

「たとえば、12月1日に就職して年末に1カ月分の給料をもらいましたというのと、この会社に35年間勤務して年末に退職金を2,000万円もらいましたというのでは、同じ会社に勤めてお金を稼いだのでも、同じ税金のかけ方というわけにはいかないだろう。」

——あ、それはなんとなく分かる。

「そうすると退職金の方は、長い間働いてやっともらえたとか、あとはこれと貯金で老後を暮らさなきゃならないとか、そういうことに対応した課税をするために、給与とは違う退職所得という類型を設けるわけさ。」

——ふむふむ、**税金のかけ方を変えるために所得の種類を作るの**か。

——ということは、別にこの10種類に限りませんね。

「うん、10種類というのには何の理論的な根拠もない。必要に応じて増やしたり、減らしたり、税金のかけ方を変えたりすればいい。極端に言えば、オレたちがリタイアするころには退職金なんてものはなくなっているかも知れないし、そうなったら退職所得

なんて要らなくなるよな。あと、所得税については、利子所得なんかが典型的だけど、租税特別措置法で、この所得税の枠組みからまったく別扱いにすると決められていることがあって、それも結構重要な例外になっているから、一応注意した方がいいな。所得税の基本に従って、**いったんは分けても最後にはちゃんと足し合わせて課税するのを総合課税、最初から最後まで分けて課税するのを分離課税**という。初歩的な概念だから覚えておいて損はない。」

──（ノートにメモしながら）ありがとうございます。

──発想の逆転なんだけどさ、じゃ、どうして法人税だと所得税のような所得分類がないわけ？

「えっ？　それは……法人は自分で働いて給料を稼いだり、永年勤続して退職金をもらったりするわけではないからじゃないか。法人の所得というのは、だいたい、個人でいうと事業所得にあたるわけだし。」

──ピッタリ、同じなの？

「いや、個人だと利子所得や配当所得になる分とかも法人の所得に入るし、個人事業主だと譲渡所得にあたるような事業用固定資産の譲渡についても法人所得だとほかの所得と分けずに計算するよな。どうしてだろう……。

　（ブツブツと）沿革的にもともと法人にかかる所得税が１種類だったのに個人にかかる所得税は『各種所得』とか言って複数の種類があって、そこから法人税が分離したから１種類のままなのかな。それとも、法人税というのはしょせん個人株主の所得税の前

取りで、法人から個人株主に利益を分配すると元が何であれ配当所得の1種類になってしまうから、法人段階で細かく分ける必要がないのかな……。

　スマン、よく分からん。」

——ホ、ホ、ホ、今日のところは見逃してあげましょう。ま、そういうことはほうっておくとしても、法人税の方は格段にシンプルな分、やさしそう。所得税は「所得」とか言っても、最初にこの中のどの所得なのかとか色々うるさそうだもんね。

「法人税は所得税とは違った意味で色々面倒なところがあるさ。たとえば、法人としては支出しているのに損金に入ったり入らなかったりする似たような項目があったりする。役員に毎月一定額を払う給与は損金に算入できるけどそのほかのボーナスはあらかじめ届け出ていない限りダメだとか、会議をするための費用は損金になるけれど、それが取引先をもてなした費用にあたると交際費といって損金に算入が制限されるとか。」

——あ、やっぱり、そ〜ゆ〜のあるんだ。

「でもそういう区別は実際上は非常に大事だ。たとえば、他の益金から損金を引いた残りが1,000あったとして、さらに200の支出をするとする。もしこの200の支出が損金に算入できれば、所得は800で、かりに税率が50％なら400の税金を払って、400の現金が手もとに残る。ところが、この支出が損金に算入できない支出だとすると、税金は500で、しかも現実には200の支出をしているから300しか現金が手もとに残らない。さっきと比べて100少ない。」

(1) 200の支出が損金に算入できる場合

$(1,000-200) \times 50\% = 400 \cdots$ 法人税額

$(1,000-200) - 400 = 400 \cdots$ 手もとに残る現金

(2) 200の支出が損金に算入できない場合

$1,000 \times 50\% = 500 \cdots$ 法人税額

$(1,000-200) - 500 = 300 \cdots$ 手もとに残る現金

――あたり前の話のような気もしますが、法人税法上の区分が変わるとそれだけ結果が変わるってことですね。

「それだけじゃない。これはもう法律の制度という問題ではないけれど、たとえば、この法人が扱っている商品は売上の10％しか所得にならない――あとは仕入れるときの原価とか、従業員の給料とか、広告宣伝の費用とかに使ってしまう――とする。税率が50％のときに100の税引後所得を得るためにはいくらの売上が必要になる？」

――$100 \div 10\% = 1,000$、ですね。

「いや、それだと100の所得のうち50が法人税になるから、まだ足りない。

$(100 \div 50\%) \div 10\% = 2,000$

つまり、会社でじっと座っている経理の人が200万円の支出を損金算入できると税務署を説得するのは、会社の税引後利益を100万円増やすという点では、営業の人が足を棒にして顧客回りをして売上額を2,000万円増やすのと同じ効果があるということだ。」

――先輩、でもこれ、税率が50％なんて高いから、税金に関する

効果が過大に見えてるんじゃないですか。

「たしかに効果が分かりやすいように高めの例にしているけど、過大と言うほどじゃない。法人税には**法定総合税率**という概念があって、要するに法人が日本の国と都道府県や市町村などに納めなければならない税金の割合は所得の何％かということを示しているんだが、平成10（1998）年の改正前は、この法定総合税率が49.98％だったんだ。約５割。ただし、平成26（2014）年度に37％だった法定総合税率が段々と引き下げられて来ていて、平成30（2018）年度以降は29.74％、約３割になっているのは確かだ。でも、昔は法定総合税率が50％を超えていた時期もあったって聞いたぞ。」

——え～、税率が５割。江戸時代の「五公五民」と同じじゃん。世の中の人がみんな税金の計算に血まなこになるはずね。

「そう思ったら、よく勉強することだな。」

4 「法人」の２つの性格

「それと、今、キミたちが法人税について調べて来たことは間違っていないけど、法人税にはもうひとつ、全然違う側面がある。これは言わない方がいいのかも知れないけど……。」

——だ～っ、聞かない聞かない聞かない！ ナカ兄がそういう言い方をするときって、必ず頭痛のモトになるンだもん。

——あなた、寝ていていいわよ。先輩、教えて下さい。何ですか。

「えっとね、これはオレもイメージくらいしか分かっていないことなんだけど、去年聞いた話ですごく面白かったから、一応、話

しておくと、『法人』には２つの面というか『顔』というか『性質』というかがあるんだ。それは**ヒトとしての性質とモノとしての性質**だ。そして、**今まで話してきたのはヒトとしての法人をめぐる課税**ということになる。」

——ヒトとモノですか……。

「突拍子もないことを言っているようだけど、たとえば『ヒト』つまり人間がツルハシで金_{きん}を掘る。掘って得たもうけの中から税金——所得税を払う。その横で巨人がデカいスコップで金_{きん}を掘っている。そして掘って得たもうけから税金を払う。この『巨人』は人間ではないが、人間と同様に生産活動を行ない、税金を払っている。つまり人間がやっていることと巨人がやっていることは、その限りではまったく同じことだ。この巨人が法人だと考えれば、**この場面では法人は『ヒト』としての性格を持っている**。法人税は『法人』というヒトが払う所得税だ。」

——何となくイメージできます。

「しかし、この『巨人』は生き物に見えたが、実はロボットだったとしよう。この場合、人間個人と違ってこのロボットには持ち主がいる。持ち主としてはこのロボットを他人に売り払うこともできるし、分解して必要な部品だけ取り出すこともできる。一部の部品を取り外して残りの本体で今度は石炭を掘らせるという選択肢もあるかも知れない。」

——なんか、宝石や金箔をどんどんはがされた『幸福な王子』の話を思い出しますね。

「そこまで悲惨なイメージではなくて、必要に応じて腕にドリル

を取り付けたり、不要になればそれを取り外して売ったりする、ってくらいでいいんじゃないか。でも、こう言えば、このロボットは持ち主に対して、明らかに『モノ』として存在している。簡単に言えば、持ち主の『持ちモノ』ってことだな。

　今のたとえ話を法人にあてはめて考えると、法人についても、個人と同様に自分自身が金を稼いで税金を払うという側面のほかに、**所有者──株式会社なら株主──の持ちモノとしての側面**がある。法人の所有者としての株主の立場に立てば、自分が持っている法人を他人に売ってしまうということも、もちろん可能だよな。そのほかに株主は、法人を設立する、合併させたり分割したりする、清算する、出資を増やしたり返還を受けたりする、というような複雑なこともできる。こういう**法人取引の場面**では、法人は『個人と同じようなヒト』という存在ではなく、株主というヒトの『持ちモノ』として扱われることになる。だって、ヒトがヒトを売ったり、バラしたりしたら犯罪だろ？　でも、ここではそうはならない。なぜなら、売られたり、バラされたりしているのはヒトではなくてモノ──モノとしての法人だからだ。こういう考え方は、経済学者の岩井克人先生の『二十一世紀の資本主義論』（筑摩書房・2000）という本にも出てくる。」

──で、法人を売ったり、バラしたりする場面では、租税法には何か特別なことが必要なんですか？

「うん、そういうさまざまな取引の場面では、『ヒトとしての株主の所得の課税』と『ヒトとしての法人の所得の課税』と『モノとしての法人の課税上の扱い』を、一度に視野に入れて全体を整

合的に考えていくことが必要になる。**法人取引と課税**とか、**組織再編税制**とか言われているような分野の問題だ。」

——ナカ兄もそれ、やったの？

「ほんのサワリのとこだけ、教わった。頭がガンガンしたけど面白かったぞ。」

——「頭がガンガンした」か……。やっぱ、健康に良くないんだ、租税法って。でもさ、人間にもいたらいいのにね。家の外ではヒトとしてどんどん稼いで、帰って来たらあたしの貯金箱かお財布というモノになってくれるような人。あたしが何にお金を使っても全然モンク言わないとかさ。理想のダンナさんだよね。

——わたしは、そういうのはイヤ。一緒に暮らすなら、応援したくなるような頑張り屋さんで、尊敬できる人がいいな。経済的にも頼りきっちゃうんじゃなくて、わたしも働くから、2人で生きていくってイメージ。

——ハイハイ、あいかわらず優等生なお返事。家庭でまでそれやってたら疲れると思うけどな。

「……（なぜだか顔を赤くしながら）コホン、ほかにも、税率の仕組みなんかは比較しておくといいだろうな。**法人税と消費税は比例税率**、つまり、所得金額とかがどんなに大きくなっても税率が変わらないのに対して、**所得税は累進税率**だ。所得金額が増えると、適用税率がだんだん高くなるわけだ。まあ、こんなところかな。」

——ありがとうございました。

——やったー、終わったー。ねえ、お昼食べに行こうよ。

——だめだめ、今日は部室の掃除当番で午後からミーティングよ。

——だれだ～、連休の合間にミーティング入れたヤツは。遊びに行く予定とかないのかな。

「幹事長はモテない、というジンクスがあるからな。他人(ひと)の楽しみも邪魔しようという魂胆じゃないのか、オレのころからそうだったぞ。でも、だったら、もう行かないと。」

——（スマートフォンをのぞき込んで）え、もうこんな時間？　ナカ兄、いや先～輩～ぃ……。

「分かった、分かった、皆まで言うな。ここはオレが片づけとくから、お前たちはさっさと行け。」

——さすが、話が分かる。（ビシッと敬礼して）決してナカ兄の死を無駄にはしません。

　　　　じゃあ、お願いしま～す。

「勝手に殺すなって。」

——申し訳ありません。今日は、本当にありがとうございました。

　　　　ふたりはあたふたとテーブルの上の私物をカバンにしまうと、先輩に思い切り頭を下げてから、小走りで出て行きました。

「（その後ろ姿を見送りながら）『頑張り屋さんで、尊敬できる人』か……。難題だな。」

【考えてみよう】

(1)　自分が所得を稼いでいる事業に関連して支払う場合であっても、

罰金を事業所得の必要経費や法人税の損金に算入することができないという規定が、所得税法にも法人税法にも存在する。罰金を必要経費や損金に算入すると税負担がどう変わるか、という観点から、この規定の意味するところを考えてみよう。たとえば、その他の所得計算の結果が1,000でそこから200の罰金を支払う場合に、税率を40％とすると具体的に税負担はどのように変わるだろうか。

(2) 法人Aに個人株主Bと法人株主Cがいる。Aが法人税を支払った残額からBとCに100ずつ配当する場合に、B、Cへの課税においてこの100の配当を普通の所得として扱うと不都合はないだろうか。

(「解答のてびき」は282頁)

【気になったときのために】

(1) 所得税額の計算の仕組みについては
　　・岡村ほか・54頁〜60頁
　　・金子・204頁〜218頁
　　・佐藤・44頁〜55頁
　　・増井・97頁〜112頁
　　・ケースブック§214.01

(2) 消費税の計算の仕組みについては
　　・浅妻＝酒井・146頁〜152頁
　　・岡村ほか・211頁〜261頁

(3) 給与所得者の多くが確定申告をせずにすむ仕組みについては
　　・佐藤・178頁〜190頁

(4) 税金に関する各種の統計資料について
　　・国税庁ウェブサイト
　　　〈https://www.nta.go.jp/publication/statistics/kokuzeicho/tokei.htm〉

●●●●●●●●●●●●●●●●●●●●●●●●●●

第5講　あっちこっちでかかる税金
──地方税と国際課税──

●●●●●●●●●●●●●●●●●●●●●●●●●●

　さわやかな初夏の日もほとんど暮れたある夕方、図書館で調べ物をしていてすっかり遅くなってしまい、あわてて学生食堂に駆け込んだら、夕食のピーク時間を過ぎて人の姿がまばらな食堂ホールでいつもの先輩をみつけました。当然、食べ物を乗せたプラスチックのトレーを持って、同じテーブルに座ります。食事をしながらあれこれおしゃべりしているうちに、話が先輩のお兄さんのことに及びました。

──先輩のお兄さんって、たしかもう社会人なんですよね。

──そうだよ。大兄ちゃんは工学部の大学院を出て去年就職したの。だから、今年で社会人2年目。

──大兄さんって？

「ああ、オレたちは5人兄弟で、オレが上から2番目。オレの下にキミたちより1つ上の弟がいて、その下がキミと、つまりコイツと同い年の双子なんだ。それで、オレたちのことは、上から大中小で大兄、ナカ兄、チイ兄って呼ばれてきたワケ。」

──違うよ、ナカ兄のナカは「真ん中」のナカだよ。

「それで、その兄貴なんだが、今年の4月に『1年間勤めて給料が上がった』って喜んでいたのに、6月の給与明細を見たら手取

額が下がって去年と同じくらいになっていたもんで、がくぜんとしたという話。」

——（食べ物を頬張りながら）なんかカラクリでもあるワケ？

　ジェットコースターでもあるまいし、お給料がそんなに上がったり、下がったりしたら困るでしょ。

「うん、それが税金なんだ。」

——（吹き出す）だ〜〜っ、それダメ。この子の前で税金の話をするとすごい勢いで喰いつくんだから。最近、すっかり租税法づいてて、知的財産法の先生にも「**従業者発明の対価は給与でしょうか**」とか訊いてたし、民事執行法の授業の後に、**賃金債権の取立てのために強制執行したら給与所得の源泉徴収はどうなるのか**質問しに行ったりしたし……。

——（ティッシュを出してテーブルを拭きながら）汚いわね……だって、気になるんだもの、いいじゃない。

——先生たち、明らかにメーワクそうだったよ。本筋の質問じゃないから当たり前だと思うけど。

1　住民税の仕組み

——で、先輩、お兄さんのお給料の手取額が減ったのは、どういう税金がかかったからなんですか？　急に増える税金というのは合理性も疑わしいし、興味あります。

「うん、オレもちょっと興味があったんで調べてみたんだが、地方税の関係なんだな、それが。」

——地方税。

「そう。個人の所得に国が所得税をかけているのは知っている通りだけど、そのほかに**都道府県や市町村も個人の所得に住民税**という税金をかけている。これも知ってるだろう。」

——はい、**国税と地方税**という分類は、租税法の授業の最初の方で習いました。でも、住民税の詳しい仕組みは知りません。

「**個人住民税**——そのうちで所得にかかるものを**所得割**と呼ぶんだが——これは、だいたい、**所得税と同じ仕組みで個人の所得額が計算されて、それに税金がかかる。**

所得控除の金額が所得税より少なかったり、寄附金に関する控除のやり方が違っていたり、計算方法に少し違いはあるけど、この際はそれは問題ではない。ところで、おいっ、所得税の場合、給与所得者からの税の徴収はどういう方法で行なわれていたか覚えているか？」

——急に振らないでよ。……たしか源泉徴収といって、給料を支払う人がきちんと計算した税額を差し引いて給料を払い、差し引いた分を国に納めるという方法だったわよね。

「スゴイ、スゴイ。」

——何か、馬鹿にされているみたい。

「いや、まったくその通りだ。もう１つ訊くと、今年の所得税はいつの所得にかかるんだ？」

——なにそれ、どういう意味？

——**今年の所得税は今年の所得にかかる。**今月の源泉徴収は今月受け取る給与について行なわれているっていう答えじゃないんですか。

「ううん、それでいいんだ。難しく考え過ぎるから分からなくなるんだよ。ちなみに、そういうやり方を**現年課税**と呼ぶ。」

——なんだ、ひっかかっちゃった。一瞬、去年や来年の所得に今年の税金をかけることってあるのかなとか、考えちゃった。

「ふふふ、それがあるんだ。まあ、聞いてろ。給与所得者だと、住民税も毎月の給与の支払いのときに源泉徴収みたいな方法でとられる。これを**特別徴収**と呼ぶ。ここまで、いいね。」

——はい、特にひっかかるところはありません。

「所得税と住民税の仕組みの違いは、今年の税金をいつの所得にかけるかというところにある。所得税は、さっきキミが言った通りその年の所得にかかる。だから計算が簡単に終わらないときは、最終的には次の年の3月15日までに確定申告をして所得の金額や税額を決めることになるよね。ところが、**住民税は前の年の所得にかかるんだ。**」

——（2人で異口同音に）前の年の所得！

「そう。退職所得に関する例外とかはあるけど、そういうのを別にすると、**ある人が1月1日に住んでいる都道府県や市町村が、その人の前の年の所得をベースにして所得額や税額を計算して、今年、税金をかける。**具体的に言えば、令和3年1月1日に住んでいるところの都道府県や市町村が、令和2年の所得額をベースにして住民税を課税するということになる。このやり方を**前年課税**と呼んでいる。これだと、税金をかけ始めるところで今年の分の税額はいくらかが分かる、というメリットがある。そこで、今年の5月中には、今年の分の住民税を総額でいくら払ってもらい

ますとか書いた通知書が兄貴のところにも来ていたはずなんだが、あの理系人間がそういうものをちゃんと読むはずもなく、そのことは忘れていたらしい。そして、**今年の分の住民税の特別徴収は、今年の６月分の給料から来年の５月分の給料まで12回払いで行なわれる**から、今年の６月の給料から、手取額が住民税の税額分だけ減ったってわけだ。」

——ナカ兄、大兄ちゃんは去年も働いていたよね。どうして今年からそういうことになったの？

——だって、お兄さんは令和２(2020)年４月から働き始めたわけでしょ。だから去年、つまり令和２年分の住民税を計算しようとしたら、令和元年、つまりまだ大学院生だった時の所得をベースに計算するから所得額は０円で、それで社会人１年目には税金がかからなかったんじゃないの。それが、今年、令和３年になって、去年の４月から12月までのお給料をベースに税金が計算されるから、税額が発生したってことだと思うわ。

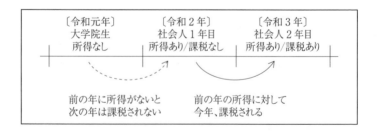

——（お皿にフライドポテトを並べてみながら）令和元年、令和２年……ああ、そうか。いつの分の税金かということと、いつの

所得にかかるかということがズレてるのか。

「（一番端っこのフライドポテトをサッとかすめ取って口に運びながら）そう、この最初の年に所得がなければ、次の年に住民税の納税義務が発生しないということだ。」

——あん、それ、あたしの。

2　事務と税収の分け合い方

——それにしても、同じ所得に国が税金をかけて、都道府県が税金をかけて、さらに市町村が税金をかけるなんて、けっこう手間がかかっていますね。

「あ、その点だけど、まず、『みなし申告』という制度があって、いったん、国に確定申告をすれば住民税の申告もしたことになる。それから、個人住民税の場合は道府県民税と市町村民税を合わせて、一括して市町村が徴収することになっているから、そこで二重の手間はかかっていない。」

——なんか、市町村って、都道府県にコキ使われているみたいでかわいそう。

「もちろん、タダでやっているわけではなく、ちゃんと徴税事務を委託されたことから発生した費用は都道府県に請求することになっているし、住民税には逆の例もあるから、お互い様なんじゃないのか。」

——逆の例って？

「たとえば銀行預金なんかの利子に対する課税がそうだな。所得税だとどういう課税だった？」

――えっと、**所得税の場合、銀行預金の利子などの利子所得については、総合課税の原則の例外として、分離課税**が採用されています。この制度の下では、銀行等が利子を支払うときに15%の税率で源泉徴収し、利子を受け取る納税者の側はこの源泉徴収で課税が全部終わってしまう、つまり、利子所得をいくら受け取ったというのを改めて確定申告書に書く必要はないということになっています。

「その通り。だけど、普通は、利子に対する課税は20%と思われている。キミが言った15%との差が、実は地方税だ。**都道府県は自分のところにある金融機関が利子を支払うときに**、さっきの**特別徴収**という方法で所得税と同じようにこの5%分を支払利子から天引きさせて自分のところに納付させているんだ。」

――その利子分の税金は都道府県がガメちゃうの？ なんかズルイみたい。

「いや、5％の税率の約6割分、つまり**税率換算で3％相当額は、市町村に分けてあげる**ことになっている。だからこれは、言ってみれば、都道府県が市町村の分まで税金をとってやる制度というような感じになるんだな。」

――なんで、そんなまどろっこしいことをしてるの？ 市町村も自分で税金をかければいいじゃない。

「ある県の中核都市がX市で、周辺のA市、B市、C市とかがベッドタウンだとするだろ。このときA市、B市、C市の住民はX市の企業に働いていることが多いわけだ。そうすると、勤め先の会社が従業員にX市にある銀行に給与振込口座を作らせて、従業員た

ちがそれを使っていると、その口座で支払われる利子の分の税は、本来は彼らが住んでいるA市やB市やC市の税金になるはずなのに、税収が全部X市のものになってしまって不公平が生じるかも知れない。都道府県が税金をかけると、X、A、B、Cの４市分をまとめて徴収して分配するから不公平が生じないって説明されているみたいだ。」

——首都圏だと千葉県や埼玉県から東京都に勤めに行くとか、関西圏だと兵庫県や奈良県から大阪府に勤めに行くとか、その説明があてはまらないケースがたくさんありそうですけど。

「まあね、結局は程度の問題ということなんだろうけどね。オレが調べた限りでは、ほかに配当とか株式譲渡益のたぐいなんかも、いったん、都道府県が課税して税収を市町村にも分けるという仕組みになっているみたいだった。」

——ねえ、ナカ兄、このごろインターネットとか使って、どこに住んでいても仕事ができる人とか増えたよね。

「ああ、それで。」

——それで毎年数十億円も稼ぐ人が、へんぴ〜な田舎のムラかなんかに住むと、その人１人分で何億円も税収があがるよね。

「住民税の税率は、一般の市町村だと、道府県が４％、市町村が６％の比例税率、政令指定都市だと、道府県が２％、指定都市が８％の比例税率だから何億円も税金を納めるにはずいぶん稼がなきゃならないだろうけど、まあ、天才プログラマーとかだとありえそうな話だな。」

——そしたら、１人でそのムラの住民税の総額の何割も納めてい

て、村長さんや村会議員さんたちはもちろん選挙で選ばれるけど、そのムラの実質的な支配者はこの人で、このムラでどんなに横暴なことをしてもだれにもとがめられない、なんてステキなこともあるンじゃない。そういう人、みつからないかな。あたし、喜んで結婚したげるのにな。

——また、くだらないことを。「ムラの女王様」とでも名乗るつもり？　それに、そんな住民がほとんどいないような辺鄙な村で横暴なことって言っても何をするのよ。あなただったら、せいぜい他人の田んぼに石を蹴り込むとか、その程度じゃないの。

——あ〜、夢がないな。

——どんな夢なんだか。でも、先輩、個人はともかく、法人だとすごく多額の納税額になることとかがありえますよね。**たくさんの都道府県に工場や営業所を持って経済活動をしている法人だとどうやって課税したら公平なんでしょう。**本店の所在地の地方団体だけが税金をかけるというのではなんだかうまくないような気がします。

「それはそうだな。地方税の場合には**応益課税**とか**負担分任**——『自治体の費用をちゃんと分担して下さい』とかいう考え方——で税負担を負わせることが多いのだが、工場だけがある市町村や都道府県でも警察や消防のお世話になったり、道路を使ったりしているわけだからね。利益を受けているし、費用を分担させる理由もある。だから、**法人住民税や法人事業税は、工場や営業所で働いている人の人数なんかを基礎にして、関係の都道府県、市町村で税収を分け合うことになっている。**と言っても、工場のハイ

テク化やオートメーション化が進むと地方では工場の大きさの割には働いている人の人数が少なかったり、反対に東京の本社には管理部門があってやたらと人がたくさんいたりして、いったい、何を基準に分け合えば一番合理的なのか、なんてことが問題になってきたらしい。」

——そんな、評論家みたいなことを言っていて大丈夫なの。

「いや、この問題がなかなか難しいので、途中にいろいろあったけど、結局、令和元（2019）年10月から、地方税である事業税の税率を約３割下げて、その分を国が特別法人事業税という国税で集め——と言っても、この税金は法人が都道府県に事業税と一緒に納めるのだけれど——そのお金を人口に応じて都道府県に分配する仕組みになったと、先生が言っていたぞ。人口が多くても、もともとの税収が豊かなところはあまりお金をもらえない仕組みも一緒に作って、人口の割に法人事業が少ない地方に事業税の税収を回す仕組みというわけだ。」

——先輩、所得税と住民税のように、同じものに国と地方が別々に税金をかけている例って、ほかにもあるんですか。

「どうだろう？　オレが気づいたのは消費税と**地方消費税**くらいだな。消費税の基本税率は7.8％、ほかに地方消費税が2.2％分かかっていて、オレたちは普通、10％が消費税分だと認識している。この場合は利子なんかよりもさらに大がかりで、いったん、国が集めた上で、各都道府県にその税収を払い込むことになっている。この場合も**国は徴税事務の委託を受けている**わけだから、都道府県から費用の支払いを受ける。都道府県は国に支払った手数料分

を除き、自分たちがそれぞれ受け取るべき税収を統計を使って清算した上で、最終的な自分達の受取額の半分を市町村に分けることになっている。」

——国は１つしかないのに、都道府県や市町村はたくさんあるから、地方税ってフクザツなんだね。

「都道府県どうし、市町村どうしのように、いわば**横方向での課税権の調整**というか税収の分割というかそういう問題と、都道府県とその中にある市町村との間の、いわば**縦方向というか、重なった方向での問題**とが両方あるから大変だよな。これは住民税の問題ではないけど、固定資産税はよく話に出て来る土地、家屋のほかに、事業用の償却資産、つまり、事業に使っている設備なんかにもかかっている部分があって、**大きな工場や発電所が人口のごく少ない市町村にできたりすると、極端に大きな額の税収がその市町村に集中してあまりにもアンバランスになるから、その市町村が税金をかけられる部分を制限して、残りは都道府県で課税する**、というような仕組みもあったと思う。たしか、発電所なんかがある市町村の人口に応じて、そこで課税できる範囲が決まるのだったぞ。これは縦方向の課税権の調整の例だな。」

——課税しようとする市町村どうしとかでケンカになったりしないのかな。

「地方税法の仕組みとしては、**自治体間でケンカになると総務大臣に決めてもらって、その決定に不服がある方の知事や市長が裁判所に総務大臣を訴える**のが原則になっていたと思う。税収が欲しい市町村と渡したくない市町村とが法廷で対決するという仕組

みではない。」

——先輩、授業では、都道府県や市町村が独自に税金を作る法定外税というのがあると習いました。法定外税としては、東京かどこかで**ワンルームマンション税**とか、**自転車税**とかを作ったことがあったんじゃないですか？　そういうのも面白そうですね。

「ゴメン。何かで読んだような気がするけど、そういう税金についてちゃんと調べてみたことはない。暇をみつけて資料を探しておくよ。」

——あ、いや、ロー・スクールの勉強で忙しいでしょうから、わたし、自分で探します。

3　日本と外国でかかる所得税

——ねえ、都道府県とか市町村と言えば、江戸時代の藩とかだよね。その間でこれだけたくさん問題が起きるってことは、今の国どうしの間でも、あっちこっちで税金がかかったりして大変、なんてことがあるのかな。

——それは、所得税の納税義務者を勉強した時に、芋づる式に調べたことがあるわよ。たとえば日本の所得税法だと、**日本に住所がある人なんかは無制限納税義務者という原則的な納税義務者で、この人には全世界、どこの国で得た所得でも日本の所得税がかかる**わけ。

——アメリカでお商売をしてもうかった分にも日本の所得税がかかるの？　アメリカ政府は黙っているのかな。そのもうけって、

もともとアメリカ人のお財布から出たお金でしょう？

――そうそう、だから当然、**アメリカ政府もその日本人の得たも
うけに所得税をかける**わ。

――じゃ、日本国内でお商売するのよりも、ずいぶん不利になる
じゃない。あ、でも、逆も言えるのか。どうせ、アメリカ人が
日本でお商売をしたもうけにも日本の所得税をかけるンでしょ。

――うん、アメリカ人って国籍じゃなくて、日本に住所とかがな
い人という要件だけど、それを**非居住者といって彼らが日本で
得た所得**、日本の事業から得られた所得や、日本の土地の譲渡
所得や、日本で預けた預金の利子なんか、これを日本から見て
国内源泉所得っていうんだけど、そういう**国内源泉所得の範囲
を前もって法律で決めておいて、それには、日本の所得税がか
かる**わ。

　でも、両方で税金をかけてればいいってもんでもないから、
だって、**同じお商売のもうけを日本で得るかアメリカで得るか
によって租税負担が大きく変わってしまうのは不公平**でしょ。
だからこういう課税――**国際的二重課税**をどうにかしようとい
う話になって、ひとつは、日本とアメリカが条約――**租税条約**
を結んで、この所得はアメリカでだけ課税、この所得は日本で
だけ課税というように約束すればいいわけね。もうひとつは、
日本の所得税法で、外国が所得税をかけた場合には、その全部
または一部を日本の所得税から差し引くという、**外国税額控除**
の仕組みを作って対応するということもされているみたい。

4　税収の確保と課税の重複

──さっきの地方税の話もそうだけど、ひとくちに外国って言って
　も色々あるから大変よね。

　　だけど、平和的に話し合いで片づいているばかりじゃ面白く
　ないな。ねえ、ナカ兄、なんかこう、日本とアメリカで派手に
　ケンカするような場面ってないの？

「う〜、野次馬根性を感じるなあ。まあいい、たとえばこういう
話はどうだ。ある日本のメーカーが日本国内に販売子会社を作っ
て製品を売るときには、原価50万円のものを80万円で子会社に売
って、その子会社が日本の消費者に100万円で売る。簡単に言え
ば、親会社が30万円、子会社が20万円もうかるように仕組むわけ。
いいな。」

──うん。

「ところが、アメリカで売るときには、同じものをアメリカの販
売子会社に90万円──ドル換算するといくらになるか分からん
が、とにかく日本円で話を進めると、90万円で売って、その後ア
メリカの消費者に子会社が100万円で売るということをしたとす
る。何か問題はないか？」

──日本で買ってもアメリカで買っても100万円なら、消費者は
　問題ないわよね。内外格差とかないし。

「あのさ、お前が今食べてるゆで卵だとさ……。」

──あげないよ。

「食いかけの卵なんて要らんよ。とにかくその卵をだ、1人で全

部食べるなら、まず黄身を食べてそれから白身を食べても、まあいいよな。」

——別々に食べてもあんまり美味しくないと思うけどね。でも固ゆでだと、ときどき、黄身がポロッと落ちちゃうことあるから、それは仕方ないね。

「ところが、それをお前みたいに黄身が好きな人間が2人で分けて食べるとなると、白身だけ喰わされた方は怒るだろう。」

——そりゃあ、あたしは、なんと言っても黄身が好きだからね。で、それがどうしたの？　白身のところが欲しいの？

「だから……。」

——1個100万円の製品を売るのに、全部日本の国内なら、親会社が30万円、子会社が20万円の所得を手にするか、親会社が40万円、子会社が10万円の所得を手にするかは、他の条件を無視すれば日本の政府にとってどっちでも問題ない。要するに合計で50万円の法人所得が課税対象になるから。だけど、親会社の所得に課税する国と子会社の所得に課税する国とが違うと、どう分けるかは税収にモロに響いてくるということですね。黄身と白身を1人で食べるか2人で食べるかというのは。

「そうそう。極端な低額譲渡で親会社から赤字の子会社に所得の振替をやってる、というような場合は別として、国内取引だと普通は親会社と子会社のどちらの所得であってもあまり大きな問題ではない。そこに国内取引と国際取引との違いがある。さっきの例だと、アメリカ政府としては、『日本の子会社は20万円の所得があるのにどうしてアメリカの子会社には10万円の所得しかない

のだ』と怒ることになる。このことは、極端に言えば、**ほうって**
おけば、親会社の意向でどの国に税金を払うか決められることに
なってしまうということを意味している。日本の法人税が重いな
らアメリカの子会社に50万円で売って親会社の所得は０円、アメ
リカの子会社の所得が50万円、逆にアメリカの法人税が重いなら、
子会社に100万円で売ればいいわけだな。しかし、それは所得額
の操作を許しているということであって不合理だから、これを放
置するわけにはいかない。そのため、こういう国際間の取引につ
いては必ずしも現実の取引価格ではなく、何らかの方法で計算し
た『正常な対価』で取引がなされたものとして課税し直すことに
なる。それを**移転価格税制**と呼ぶ。この例だと、アメリカは子会
社の所得は10万円ではなくて20万円だという課税処分をすること
になる。」

──ちょっと待って下さい。それだと、親会社の所得として日本
　　で40万円分課税されて、子会社の所得としてアメリカで20万円
　　分課税されますよね。でも、全体としては50万円の原価のもの
　　を100万円で売って50万円の所得を得たに過ぎないのだから、
　　課税のされ過ぎということになりませんか。

──お代官様、オラたち百姓は何も悪いことしてましねぇだ、の
　　世界だね。

「どんな世界だ、それは。でも実際、キミの言う通りだから、関
　係当局のお代官、いや、お役人が話し合って、日本で課税の基礎
　となる値段とアメリカで課税の基礎となる値段を同じにする手続
　が必要になる。これを専門用語では『**権限のある当局間の協議**』

と呼ぶんだが、しかし、これで合意するということは一方の国が
その件について税収の一部を失うということになるから、正面か
ら利害が対立するということもあるだろうな。」

──で、もし合意できないと……。

──両方で課税されるから、やっぱり、「お代官様！」の世界だ
　ね。

「ほかにも、日本の会社が、法人税がメチャクチャに安い国に子
会社を作ってそこに世界中で取引して得た所得を溜め込んだらど
うなるかとか──これは**タックス・ヘイブン対策税制**という制度
の問題になるんだけど、とにかく色々な問題があって、国際課税
の分野は今も十二分に大変みたいだが、これからもっと複雑にな
っていくことは間違いないな。」

──だれかがもうけたら所得に税金をかけるって制度を、あちこ
　ちの国が持っている以上、仕方がないのかなあ。ただ１つの世
　界政府があるわけじゃないから、さっきの地方税の話のように
　おとなしく関係者で税額を分け合うっていうのも、うまく行か
　ないんだろうね。だったら、せめて政府どうしが話し合いとか
　して、納税者に迷惑がかからないようにしてほしいものね。

「ケンカする場面が見たかったんじゃなかったのか。それに問題
になるのは所得税だけじゃないぞ。授業のときにあの先生が喜ん
でいたすごい話がある。相続税なんだ。えっと、例は、『**アメリ
カ国籍でイギリスに住んでいた人が、フランスの会社の株式を日
本に住んでいる人に遺贈する**』というんだ。これだと、アメリカ
は、遺贈した人がアメリカ国籍だからこの遺産に遺産税をかける。

イギリスは、遺贈した人がイギリスに住んでいたというので、同じく遺産税をかける。フランスは、遺贈された株式がフランス国内にある財産だと考えるからもらった人に相続税・贈与税をかける。最後に、日本に住んでいる人が遺贈を受ければどこにある財産であっても日本の相続税の対象になる。つまり二重どころか**四重課税**だ。このうち、フランスに払った税金の一部は日本の相続税から控除できるけど、焼け石に水だろうな。欧米諸国の間には相続税・遺産税に関する租税条約のネットワークがかなりできているが、日本はこの面では取り残されているんだって授業で聞いたぞ。」

――四重課税か……。

――なんだか、食欲なくなってきちゃった。やっぱ、租税法の話をしながらご飯を食べるってのに無理があったわ……。ねえ、そうだ。ある国の中に住所があると、その国に対して無制限の納税義務が発生したりするンでしょ。そしたら、**豪華客船に住みついて、ずっと世界中をクルージングしてたら、どこの国にも所得税とか払わなくていいんじゃない？**

――豪華客船に住みつくのに必要なお金はどうするのよ。

――だから、税金嫌いの大富豪と結婚する。う〜ん、ナントカ村の女王様とどっちがいいかな。迷っちゃうなあ。ああ、あたしってば、ダメ。決断力がないんだ。

――……ないのは決断力だけかな……。

【考えてみよう】

(1)　地方税は、国の法律である「地方税法」が、都道府県や市町村が課税することのできる税の種類や内容を相当細かく決め、各地方公共団体はこの範囲内で（多くの場合は地方税法と同じ内容の）「税条例」を制定して地方税を課税している。もし、それぞれの地方公共団体がまったくばらばらの内容の税金を条例で定めて良いということにすると、どういうメリットとデメリットがあるだろうか。

　　また、最近の地方分権化の流れの中で、法定外税と呼ばれる、地方税法に内容が決められていない税を各地方公共団体が作って課税する余地も大きくなっている。こういう税金を作ってよいという制度の下では、どのような制約条件を課すことが必要だろうか。

(2)　外国で得た所得に課税する考え方としては、本文で述べたように、国内に住所等を有する者について外国で得た所得も国内で得た所得と同じように課税した上で、外国で得た所得につき外国に納めた税額を控除する税額控除法と、国内に住所等を有する者が国外で得た所得には国内では課税しない国外所得免除法との2つがある。それぞれの考え方は、何と何とを比べて、税制が中立的であろうとしているのだろうか。

(「解答のてびき」は283頁)

【気になったときのために】

(1)　地方税の枠組みについて

　　・金子・98頁〜106頁

(2)　地方住民税の仕組みについて

　　・金子・649頁〜660頁

(3)　地方が独自に作った税金について

- **判例百選** 7 番事件
- 総務省ウェブサイト
  - 法定外税の新設等の手続（https://www.soumu.go.jp/main_content/000632890.pdf）
  - 法定外税の状況（https://www.soumu.go.jp/main_content/000493610.pdf）
  - 法定外税の実施状況（https://www.soumu.go.jp/main_content/000493611.pdf）
  - 「ワンルームマンション税」などを作った東京都豊島区ウェブサイト（http://www.city.toshima.lg.jp/100/tetsuzuki/ze/sonota/hotegaize/001777.html）
- (4) 国際課税の仕組みについて
  - **浅妻＝酒井**・177頁〜216頁
  - **税法入門**・144頁〜170頁
- (5) 移転価格税制の事案について
  - **判例百選**76番事件、77番事件

第6講　こっちの水は甘いぞ

──政策税制と租税公平主義──

「それでは、今日の授業はここまで。次回もシラバスにそって予習をして来て下さい。」

き〜んこ〜んか〜んこ〜ん。先生の最後の一言が終わったところで、授業時間終了のチャイムが鳴りました。

1　毎年変わる租税法

──ねえねえ、「寡婦控除」って、所得税法の何条だと先生言ってた？

──（ノートを見て）80条。

──じゃあ、「ひとり親控除」は？

──81条。

──うん、あたしもそうメモしてるんだけど、あたしの六法はそうじゃないのよ。

──（友達の六法をのぞきこんで）あ、本当だ……。「第八十条削除、第八十一条（寡婦（寡夫）控除)」ってなってる。

──おかしいな、この六法、誤植かなぁ。

「（教室から出ようとしてふたりのそばを通りかかりながら）どうかしましたか？」

——あ、先生、これ、授業で言われた所得税法の条文が、あたしの六法と違っているンで、誤植かなぁって……。

「（六法の条文をチラっとのぞいて）おふたりとも、今から少し時間がありますか。」

——はい、この後は何も予定がありません。

——あたしもです。

「それでは、ちょっとお使いを頼まれて下さい。図書館に行って、**『改正税法のすべて〔令和2年版〕』**という書物を借り出してきていただけませんか。私は急いで教務係に寄ってから研究室にいますので。この本は参考書扱いですが、このカードなら借り出せます。お礼にコーヒーとクッキーを御馳走しますから。」

　　先生はそう言って、1枚のカードをカード入れらしい革のケースから出して手渡されました。学生証と同じ、顔写真入りのクレジットカードみたいな身分証明書ですが、学生証が入学年次によって赤、青、黄、緑、紫などに色分けされているのと違い、先生の身分証明書は銀色のカードです。

——（ノートの端にメモしながら）『改正税法のすべて』ですね。

「はい、その令和2年版です。それでは、お手数ですが、どうぞよろしく（と足早に去る）。」

——お使いって、小学生じゃあるまいし、それに、今の六法の誤植となにか関係があるのかな……。ねえ、ちょっと、このカード、図書館から本を借りるだけじゃなくて、先生たちの個人研究室とか、先生用のラウンジや電算機室とかの電子錠を開ける

ときにも使うカードじゃない？

——そうみたいね。先生方が図書館で使っておられるのを見たことはあるけど、こうして手に取るのは初めてだわ。それに、電算機システムで学生の成績の入力や変更をするときもこのカードを使うという話を聞いたことあるけど。そんな大事なもの、預かっていいのかな。

——そうか、これさえあれば、あたしの成績も思いのままか……。

——何考えてるのよ。さ、行くわよ、図書館。

　図書館の検索端末を叩くとお目当ての本はすぐにみつかりました。ディスプレイには「参考書・館外持出禁止」の緑のマークが点滅していましたが、書庫から持って来て貸出カウンターの人に簡単に事情を話して例のカードを見せると、問題なく借り出すことができたので、梅雨空の下、本を抱えて先生の研究室に急ぎます。

　行ってみると、先生はもう在室で、ドアが半開きになっています。ノックをして部屋に入ると、思ったよりも広い部屋の隅に小さな応接セットがあって、コーヒーメーカーから良い香りが立ちのぼっていました。

——（本を手渡しながら）はい、これでいいでしょうか。

「はい、この本です。重かったでしょう。雨の中をどうもありがとうございました。（手でソファを指し示しながら）どうぞかけて下さい。

　さて、先ほどの『六法の誤植』の件ですが、この本のここを見

て下さい。」

　　「これまで、婚姻歴のない、いわゆる未婚のひとり親は寡婦
　　（寡夫）控除の対象とはなっていませんでした。これについて、
　かねてより、
　　・未婚のひとり親も婚姻歴のある親も経済的に苦しい状況は同
　　　じであり、
　　・離婚・死別した親の子どももいわゆる『未婚の母』等の子ど
　　　もも『ひとり親の子ども』という点では同じであって、過去
　　　の婚姻歴の有無で区別することは不公平といった理由により、
　　　寡婦（寡夫）控除の対象に未婚のひとり親を加えるべきとの
　　　主張がありました。」
　　「子どもの生まれた環境や家庭の経済事情に関わらず、全てのひ
　とり親家庭に対して公平な税制を実現する観点から、『婚姻歴の
　有無による不公平』と『男性のひとり親と女性のひとり親の間の
　不公平』を同時に解消し、同一の『ひとり親控除』を適用するこ
　ととされました（……）。」
　　　　　　　　　　（改正税法のすべて〔令和２年版〕98頁〜99頁）

――これは、こういう改正が令和２年にあったということですか。
「そうです。少し先の方に書いてありますが、令和２年分以後の
所得税について適用される改正です。
　失礼ですが、あなたの税法六法は令和元年以前のものだと思い
ますよ。」
――え、……ホントだ。平成30年版だ。
――どこで手に入れたの、そんなもの。

――うん、だれかが法律相談部の部室に置きっぱなしにしていた
　やつ。イチイチ家から持って来るのは重いし、値段も高いから、
　これをみつけてラッキー、と思って、授業のときは部室から持
　って来て、また部室に返すようにしてたんだ。
――（そういえば、先輩が「学部時代の税法六法が見当たらない」と
　ボヤいていたような気がするけど。）
「いけませんね。部室の備品を部員が使うのは自由でしょうけど、
こと**租税法に関する限りは、常に新しい六法を使わないと大変な
間違いをすることがあります**。今後は気をつけて下さい。大きな
六法を毎年買うのが大変だったら、**e-Gov法令検索システム**を使
えば、ほんの少しのタイムラグで最新の条文に無料でアクセスす
ることができます。それで困るのは大学の期末試験に六法を持ち
込むときだけでしょうね。ノートパソコンは持ち込めませんか
ら。」
――その「だけ」があたしたちにとっては死活問題なんですけど。
――先生、ということは、ひょっとして、租税法の法律って毎年
　色々と改正されているんですか。
「そうですよ。何か気づきましたか。」
――さっきその本を取りに書庫に入ったら、昭和40年代くらいか
　らの毎年の『改正税法のすべて』が、ずらっと本棚３段分くら
　い並んでいて、比較的薄い年も分厚い年もありましたが、とに
　かく**毎年、本が１冊できるほどの改正が行なわれている**のかな
　って思ってしまいまして。
「やはり気づいてもらえましたね。わざわざ図書館まで行ってい

ただいたかいがありました。」

──あたしもあの本の列を見ました。あれじゃあ、古い六法を使っていてはダメなはずだ。反省します。

2 租税特別措置法と政策税制

──（『改正税法のすべて』の目次を見ながら）こんなに、色々な改正が毎年行なわれているんですか……。先生、でも、これだと所得税関係の改正の解説って、1200頁以上あるこの本のうちの70頁くらいですよね。それじゃあ、この年は、というか、毎年、どういう法律が改正されているんですか。

「最近だと、法人税法が大きく改正されたことも何回かありましたが、なんと言っても、毎年の改正の大部分を占めているのは**租税特別措置法**の改正ですね。」

──租税特別措置法と言えば、**利子所得の分離課税**のところでは授業でも参照しましたよね。条文をチェックした記憶があります。

「その通りです。授業で扱った内容としては、ほかに、配当所得の特別な課税方法とか、土地・家屋や株式などの譲渡所得がそれぞれ特別な課税方法になっているという説明をしたところは、租税特別措置法に条文があるのですが、時間の関係もあって実際に見てもらうことはしませんでしたね。」

──つまり、租税特別措置法というのは所得税法の例外規定を集めた法律なんですね。

「いえ、そうではありません。その法律の第１条を見て下さい。

別に平成30年版でも、この条文は変わっていませんから。あ、30年版だと『国際観光旅客税』がまだ入っていないのか。」

——なんか、ひっかかる物の言い方だなあ……。

——えっと、租税特別措置法第１条……。

> **【租税特別措置法１条】（令和２年度版の六法による）**
>
> 　この法律は、当分の間、所得税、法人税、地方法人税、相続税、贈与税、地価税、登録免許税、消費税、酒税、たばこ税、揮発油税、地方揮発油税、石油石炭税、航空機燃料税、自動車重量税、国際観光旅客税、印紙税その他の内国税……の特例を設けることについて規定するものとする。

——ずいぶん色々な租税に関係している法律ですね。

——「当分の間」って、いったい、いつからいつまでよ。

——この法律は……昭和32年３月31日法律第26号か……って、ちょっと！　昭和32年と言えば1957年よね。今年が2021年だから、**かれこれ60年以上も「当分の間」ってやってきたんだ！**

——すごいなあ、財務省の人に「当分の間、お宅の裏庭を使わせて下さい」と言われて、うかつに「ハイ」なんて返事をすると、そのまま60年以上も使われちゃうんだ、気をつけようっと。

——まさか、それはないでしょうけど。先生、この法律は、その時々の所得税法その他の法律の例外規定として、分離課税だとか比例税率だとかを決めてきたというわけですね。

「う〜ん、半分くらいは正しい理解と言えますかね。租税特別措置には、確かに利子所得の分離課税などのように、そもそもの課税方法を変更しているものもありますが、それ以上に多いのは

『政策税制』、つまり、特定の社会政策や経済政策を実現するための手段として税制が用いられるときに、その内容を規定していることですね。」

——「政策税制」とおっしゃることの具体的な姿がよくイメージできないんですけど、もう少し教えていただけますか。

「これにはいくつもの方法があります。たとえば、**典型的には特定のタイプの所得について法人税を非課税にする**というもの。かつて輸出を強力に推し進めることが日本の国の目標だったころには、輸出取引によって得た所得の数％を課税所得から除く、という典型的な非課税規定がありました。

それから、今ある制度の例だと、技術開発をするとか人材の能力開発をするとかいうことはわが国にとって重要な政策目標ですから、**技術開発費や教育訓練費をどんどん積み増して支出している企業については、その支出額の一部を税額控除する**、つまり、直接、税金から差し引くという制度があります。これは非課税の補助金を与えているのと、実質的には変わりませんね。

ほかに、**特別償却**といって、減価償却費を多めに計上することを認めるという手法もしばしば使われていますが、これは技術的な話が少し複雑になるので、今日はやめておきましょう。」

——税金を安くする制度ばかりなんですか。

「いいえ、税金を安くするなどの納税者に有利な措置——これを**租税優遇措置**と言います——が多いのは事実ですが、数は少なくとも**税金を重くかける**という特別措置もあります。よく知られたものとしては、たとえば、法人が取引先を接待したりする費用は、

それが相手との取引を円滑にして法人の収益を増やすのに結びつくならば本来は法人の所得計算の上で損金に算入できるはずのものですが、それを認めると法人の支出で関係者がどんどん飲み食いするということが行なわれて適当でないから、そういう『交際費』の損金算入を制限するという規定ですね。

　さらに、法人が支出の相手先や目的を隠している場合には、その支出額の4割を法人税に加算するという**使途秘匿金課税制度**もあります。これは談合金などの他人に言えない支出を防ぐことが政策目的とされていますが、所得に対する課税というよりも、法人税の名を借りた一種の金銭的制裁という性格が強いように思われます。」

――これってずいぶん、分厚い法律ですから、租税特別措置ってのも、たくさんあるンでしょうね。

「以前に、税制調査会に提出された資料をインターネットで調べた時の資料があるはずですが……（立ち上がって本棚のファイルを1冊抜き出してきてペラペラめくり）ありました、少し古いですが、『税制調査会第3回専門家委員会（平成22(2010)年4月7日)』に出された資料によると、平成21(2009)年度に、租税特別措置法の規定による特例措置で政策税制措置と考えられるものが241件、それによる減収額は、所得税関係が1兆5,820億円、法人税関係が8,070億円、その他を合わせて計5兆1,210億円にものぼるそうです。

　新しい数字だと……令和2年1月に国会に提出された『租税特別措置の適用実態調査の結果に関する報告書』によると、法人税

関係だけで、86件の特別措置が調査対象とされています。このほか、所得税や相続税・贈与税など、他の税目に関する租税特別措置もあります。」

――そんなにたくさんあるンですか……。とても覚えられそうにないや。税金で得をするのもラクじゃないですね。

3 租税特別措置をどうやって争うか

――うまく言えないのですが、なんか、こう、今のお話には違和感があるのです……。

――あたしも、そう。えっと、同じようにお金を稼いでも、何をするかで税額が変わるってとこかな。

――そうだ、先生、政策税制があるというのは、こういうことですよね。たとえば、大学を卒業して数年たって、彼女は社会が後押ししている環境ビジネスを始めて、わたしはどうにか法曹資格が取れて小さな弁護士事務所を始めたとします。そこで、環境ビジネスは税制も後押しするということで100万円の所得のうち半分にしか税金がかからないのに、わたしは100万円の所得に全部税金がかかる。それどころか悪徳弁護士が社会問題化していたら弁護士への課税を強化するとか言って税率が割増される、つまり100万円の所得に120万円分の税金がかかることがあるということだと思うんです。

「（黙って話を聞きながら３人分のコーヒーをカップに注いで２人に勧めている。）……。」

――（ちょっと頭を下げてカップを受け取りながら）それって、絶対、

　不公平ですよね。先生の授業では、**所得税制の基本的な原則として公平な課税**ということを習いました。特に**水平的公平**、つまり同じ所得額の人には同じ税負担を実現することが重要だとおっしゃっていたはずです。それなのに、こんな税制があっていいんですか。

「（すすっていた自分のカップをソーサーに戻しながら）さすがは、法律相談部の鬼ですね。見事な批判です。それは租税優遇措置に対する2つの大きな批判のうちの1つです。」

――鬼って、先生、それをどこから……。

「（どこからか取り出したお皿に袋からクッキーをザザーッと出しながら）法学部の、いや少なくとも実定法科目担当の教員であなたのことを知らなければモグリですよ。さ、どうぞ。ともかく、ご指摘のような問題があることはたしかなようです。それで、どうしますか。裁判でも起こしますか。」

――当然です。

「だれを相手に、何を請求するつもりですか。」

――とりあえず、悪徳弁護士対策税制について、租税公平主義違

反と職業選択の自由の侵害を根拠に違憲を主張し、課税処分の
　　取消訴訟か租税法の規定の無効を前提とした不当利得返還請求
　　訴訟を起こします。
「その場合の違憲審査の判断基準としては大嶋訴訟上告審判決が
引用されますからかなり厳しいでしょうけど。覚えておられます
か、大嶋訴訟上告審判決が示した違憲審査基準？」
──はい、「租税法の分野における所得の性質の違い等を理由と
　　する取扱いの区別は、その立法目的が正当なものであり、かつ、
　　当該立法において具体的に採用された区別の態様が右目的との
　　関連で著しく不合理であることが明らかでない限り、その合理
　　性を否定することができ」ない、というのでした。
「大変結構です。その基準が適用されるとなると、原告側には相
当厳しいものがありますが、しかし、まあ、その訴訟は成り立ち
そうですね、勝ち負けはともかく。それでは、あなたには原則の
所得税法が適用されて彼女には環境ビジネス推進税制が適用され
る場合はどうしますか。」
──それも不公平ですから……わたしにも同様の２分の１課税を
　　すべきだ、ということになりますか……。
──（好みのクッキーをより分けながら）それって、「所詮は立法
　　政策の問題」ということにならないかなあ。
「例の大嶋訴訟では、原告は事業所得者について合理的な根拠の
ない各種の租税特別措置があるから給与所得者は著しく不公平な
税負担を負っていると主張しましたけど、裁判所はニベもなく退
けましたよね。覚えておられませんか。」

> 「所論は合理的理由のない租税優遇措置の存在をいうが、仮に所論の租税優遇措置が合理性を欠くものであるとしても、そのことは、当該措置自体の有効性に影響を与えるものにすぎず、本件課税規定を違憲無効ならしめるものということはできない。」
>
> （大嶋訴訟上告審判決より）

――じゃあ、彼女への軽い課税が違法だという主張を……。

――原告適格とか、訴えの利益とかあるの？

――じゃあ、どうするのよ、絶対、どっかおかしいんだから。

――はい、チョコチップクッキー、あんた好きでしょ。怒ったってダメだって。

「学説としては、こういう考え方が代表的ですね（と、教科書を開いて）。」

> 租税優遇措置が憲法14条1項に反して無効となるかどうかは、それが不合理な優遇といえるかどうかにかかっており、その判断は、個別の租税優遇措置ごとになされるべきであるが、この判断にあたって主として問題となるのは、①その措置の政策目的が合理的であるかどうか、②その目的を達成するのにその措置が有効であるかどうか、③それによって公平負担がどの程度に害されるか、等の諸点である。
>
> （金子・94頁）

――申し訳ありませんが、これではどうやってどういう裁判を起こせばいいのか分かりませんね。

「かつて、こういう裁判がありました。原告は大牟田市という福岡県の一都市です。当時の大牟田市には金属工場などがたくさんあって、本来ならそれらの工場が使用する電力やガスなどのエネ

ルギーに対して電気ガス税という地方税をかけることができたは
ずだったのです。ところが当時の地方税法は重工業振興のために
これらの工場の使用する電力・ガスを非課税とする規定を設けて
いました。そのため大牟田市は、これらの非課税規定がなければ
得ることができたはずの莫大な税額を得ることができない損害を
被ったとして、国に損害賠償を求めたのです。」

——それで、どうなったんですか。

「（カバンから『判例百選』を引っ張り出して）これですね、**判例百
選の８番事件大牟田市電気税訴訟**です。『電気ガス税という具体
的税目についての課税権は、地方税法５条２項によって初めてX
に認められるものであり、しかもそれは、同法に定められた内容
のものとして与えられるもの』だから、大牟田市の主張は成り立
たないというのが、裁判所の判断でした。租税特別措置を争った
事案としては面白かったのですけどね。」

——でも、なにかスッキリしない感じがすることはたしかですよ
ね。

「租税特別措置が租税法から見て手ごわいのは、**もともとそれが
『公平ではない』ということを利用して作られた制度**だからだと、
私は思っています。」

——もともと公平ではない……？

「つまり、政策実現の手段としての政策税制は、一般の場合より
も税金が有利だからこういうことをしなさいとか、そういうこと
をすると税金が重くなるからやめなさいとか、平たく言えばそう
いう中身ということになります。」

——そっちの水は苦いぞ、こっちの水は甘いぞ、というわけです
　ね。

「そうです。だから、そもそも公平ではない。わざわざ甘い苦い
の差を作るところに制度の根幹があるわけですから、それを『不
公平だ』と批判しても、効かないのです。」

——今から飛び降り自殺しようという人に、「手すりからそんな
　に身を乗り出したら危険ですよ。」と注意するようなものなん
　ですね。

「……ちょっと今のはよく分からない比喩でしたが、そうなのか
も知れません。」

4　他の対処方法は

——さっき、租税特別措置に対する大きな批判は２つあるとおっ
　しゃいましたが、不公平なのと、もうひとつは何ですか。

「**財政の民主的統制を害する**、ということです。『租税優遇措置
は非課税の補助金を出しているのと同じだ。しかし補助金であれ
ば毎年の予算に載せて国会の議決を経なければならないのに、租
税優遇措置は、いったん法律ができると、後は毎年の国会審議を
経ずに実質的な補助金が国民に与えられることになる。だから、
財政支出を国会の民主的統制の下に置くという憲法の基本理念に
反している。』というものです。」

——それも分かる気がします。では、これからもこのような制度
　には根強く反対し続けていく必要がある、ということになりま
　すね。

「公平の観点から見ると、租税優遇措置が、それ自体好ましいものでない上に、こういう特別措置を充分に使い切ることができるのは経理等のさまざまな経営能力の高い大企業になりやすいという実際上の理由から、租税優遇措置批判は大企業優遇批判とも結びついて、ある種の主張となっていることは間違いないと思います。だけど、どんなに批判してもなくなるようには見えませんね。」

――どうしてですか。

「政策目的実現の手段として有効だから、でしょう。だから、怪しからんと言って批判するだけではなく、なんと言うのか、租税優遇措置が多用されることを前提として、それを統制するような理論や制度を考えるという方向も大切だと思うのです。」

――あるんですか、そんな方法が。

「たとえば、アメリカでは**租税歳出予算**と呼ばれるものがあって、租税優遇措置による減収額が毎年の予算で明らかにされるということが行なわれています。わが国でも平成22(2010)年に「租税特別措置の適用状況の透明化等に関する法律」という長い名前の法律が作られて、そのような方向に一歩を踏み出そうとしているところだと言って良いでしょう。すでに、この法律にもとづいて「租税特別措置の適用実態調査の結果に関する報告書」という報告書――さっき名前をあげた報告書です――が、平成23(2011)年度分から毎年度について作成され、公表されています。財務省のウェブサイトで閲覧することができますから、ぜひ、一度見てみて下さい。

（ふと、時計に目をやって）これは申し訳ありません。租税法の法律が毎年改正される話だけしようと思っていたのに、話し込んでしまいました。こんなに長い時間お引き止めしてすみませんでした。」

──（そそくさと急いで）いえ、こちらこそ、お邪魔しました。それでは、失礼します。

──ちょっと待って。あなた、まだ、先生にカードをお返ししていないでしょ。さっき図書館でカウンターの人から受け取っていたじゃない。さ、早く出しなさい。

──あ～ん、見逃してくれればいいのに、ケチ～～。してみたいことがいっぱいあったのに～。

──（友達からカードを受け取りながら）先生、これ、お預かりした身分証明書のカードです（とカードを渡す）。先生方はこれで色々な部屋の鍵を開けたり、教務情報システムにログインされたりするんでしょう。お預かりしていて少し緊張しました。

「（きょとんとした後、笑い出して）あはは、それは気を使わせてしまってすみませんでした。このカードじゃ駄目なんです。ほら、（裏を返して見せて）裏側に磁気ストライプがないでしょう。私があんまり何度もカードの磁気情報を壊してしまうので、教務委員の先生と情報委員の先生が業を煮やして、磁気ストライプのないカードにしてしまったんです。だから、教務情報システムを使うときなんかは、いちいち18桁のIDとパスワードを打ち込まないといけないし、この部屋も電子錠ではなくて、ほら、この金属製の普通の鍵で開け閉めしているのです。」

——そう言えば、あたしたちがカードを持っているのに、この部屋に先に入っていましたよね……。

【考えてみよう】

(1) 事業に５年間使い続けて収益をあげることが見込まれるコンピュータソフトウェアを1,000万円で買った場合には、200万円ずつ５年間にわたって必要経費に入れるのが普通の計算方法だが、租税特別措置としてあるソフトについては買った年に600万円を必要経費に入れることができる「特別償却」の制度が認められているとすると、通常の場合との所得額・税額などの違いは、下の表のようになる（便宜上、収入が毎年1,000万円あってほかに必要経費がないものとし、所得税率は20％の比例税率とする）。

この表から、この「特別償却」の制度が持つ意義と効果がどのようなものか考えてみよう。

	収入金額	原則的な必要経費	原則的な所得額	原則的な所得税額（①）	特別措置による必要経費	特別措置による所得額	特別措置による所得税額（②）	税額の差額①－②
1年目	1,000	200	800	160	600	400	80	−80
2年目	1,000	200	800	160	200	800	160	0
3年目	1,000	200	800	160	200	800	160	0
4年目	1,000	200	800	160	0	1,000	200	40
5年目	1,000	200	800	160	0	1,000	200	40
小計	5,000	1,000	4,000	800	1,000	4,000	800	0

(2) 頻繁に改正が行なわれる租税法の分野では、ある取引が行なわれた年の分の法律の条文を参照するために、分厚い税法六法を何年分

も保存しておく必要があることになり、スペースの点でも問題が起こりそうである。この問題は、いつ行なわれた取引であっても、いつでも最新の法律にもとづいて課税関係を決定するという原則を採用すれば簡単に片づくが、こういう考え方をとることには、何か問題があるだろうか。

（「解答のてびき」は284頁）

【気になったときのために】

(1)　毎年の税制改正について

　　・国税庁ウェブサイト（https://www.nta.go.jp/publication/pamph/03.htm）を見ると、過去数年間にわたってその年々の改正事項が掲載されており、税制が毎年変更されていることが実感できる。

(2)　税制改革に関する税制調査会の資料などについて

　　・内閣府ウェブサイト

　　　（https://www.cao.go.jp/zei-cho/history/、および、https://www.cao.go.jp/zei-cho/index.htm）

(3)　租税優遇措置について

　　・金子・93頁～97頁

(4)　「租税特別措置の適用実態調査の結果に関する報告書」について

　　・財務省ウェブサイト

　　　（http://www.mof.go.jp/tax_policy/reference/stm_report/index.htm）

III

授業の終わりから期末試験まで
～租税法にチャレンジしよう～

ここで学ぶこと
- ・税金を安くする仕組みとそれへの対処はどうするのか
- ・「物を売った時の税金」の基本的な考え方はどのような ものか
- ・租税が「債権」だというのはどういうことか
- ・私法の考え方は租税法でどのように扱われるか

第7講　納税者と立法の鬼ごっこ
──租税回避行為とその防止──

　７月初めの月曜日。「租税法」の授業時間です。学期初めより
は受講生が減りましたが、毎回出席してよく発言する常連は、

　　　姫───相変わらず六法科目の授業には出て来ないものの、
　　　　　　　最近はこの「租税法」などの選択科目の授業に出席
　　　　　　　する姿がしばしば目撃されるので「まぼろし」でな
　　　　　　　くなった美貌の同級生、

　　　部長──これまでの20回以上に及ぶ授業でただの一度も同じ
　　　　　　　お面をつけてきたことがない、特撮研究サークルの
　　　　　　　部長、

それに、いつものふたりです。

　今日の姫は、例によって「ファッション雑誌そのまま」夏ヴァー
ジョンに、いつも持っているオーダーメードらしいシックな外
装のノートパソコンのみを携帯。部長は暑くなってきたせいでセー
ターはやめて、ピンクとエメラルドグリーンのシマシマの半袖
Ｔシャツに、『仮面の忍者　赤影』のお面を頭の上に載せている
ので、今日は忍者ネタの発言が期待されます。

　き～んこ～んか～んこ～ん、き～んこ～んか～んこ～ん。

　いつもながらヤル気をそぐような間の抜けたチャイムが鳴り終
わるのを待って、授業が始まりました。

「さて、今日は租税回避とその防止策について、少し大きな視野で考えてみましょう。細かな租税回避のスキームを知るというよりも、租税回避とはどういう行動か、そしてそれにはどのように対応することが可能か、または、適切か、ということを学ぶことが授業の目的です。

　とは言え、ただ抽象的な話をしてもつまらないですから、具体的にこういう事例にそって考えていただきましょう。」

【先生の出した例】

　個人が短期保有の土地（保有期間が３年未満のもの）を譲渡して得られる譲渡所得には50％の税率で所得税が課されるが、個人が株式等の有価証券を譲渡して得られる譲渡所得には10％の税率でしか所得税が課されないとする。

　ある時に土地を購入（取得）し、これを３年以内に譲渡して多額の譲渡所得を発生させる見込みがある場合に、所得税の負担を軽くするうまい方法はないか。

1　アンバランスな税制はあるのか

――先生！

「あ、はい、どうぞ。」

――この例で考える前に、こういう例で考えることに意味があるのかどうかを教えて下さい。

「質問のご趣旨が、まだ、よく分からないのですが、もう少し説明していただけますか？」

――つまり、土地の譲渡所得に適用される税率と株式の譲渡所得

に適用される税率がこんなに違う税制というのは、それ自体不合理で、それを使って事例を考えても現実的ではないように思えるのです。

「最初から厳しい質問ですね。日本の税制と重ね合わせてお話しするならば、**個人の土地の譲渡所得に対する課税**は昭和44(1969)年以降、**基本的に分離課税とされて、長期間保有している土地の譲渡所得に対する課税は軽くなるように、また、短期間しか保有していなかった土地の譲渡所得に対する課税は重くなるように決められていました。**これは地価——土地の値段ですね、これが安定するようにということを目的とした政策税制で、長い間個人が保有していた、いわゆる『先祖伝来の田畑』を土地の市場に供給してもらう目的でそういう場合の課税は軽くする。逆に、かつては『土地ころがし』などと呼んでいましたが、売買譲渡益を目的として土地の取得と譲渡を短期間で繰り返すような投機行為から得られる所得には重く課税してそのような投機行為を抑制し、投機による需要を減少させて、供給と需要の両面から土地の市場価格を安定させようという制度であったわけです。まだほかにもありますが、とにかくこういう土地に関する政策税制をひとくくりにして『**土地税制**』と呼びます。土地税制は法人保有の土地を対象とするようにしたり、個人が事業として土地を売買するような場合も対象に含めるようにしたりしてその範囲を拡大していきますが、地価の高騰に歯止めがかからなかったこともあり、昭和62(1987)年になって、2年間以下という超短期間しか保有していない土地の譲渡から得られる事業所得には、最低でも分離して50％

の税率で課税するのと同じ税負担を求めるという制度が設けられました。この制度は実際にはもう少し複雑ですが、もっと詳細にお話しした方がいいですか？」

——あ、いいえ、今のお話で充分だと思います。充分ややこしいですから。

「（ちょっと物足りなそうに）そうですか。ではそうしましょう。ただ、いわゆるバブル崩壊後、地価が下落してしまったため、土地税制は、今度は土地取引の活性化を促進する役目を担わされることになり、現在の制度は、今お話ししたのとはだいぶ違う姿になっていることには注意して下さい。

　さて、他方で、所得税の説明のところでは現行法しか扱いませんでしたが、**有価証券の譲渡所得は、実は昭和28(1953)年の改正から平成元(1989)年3月末までの間、原則として非課税だったの**です。言ってみれば、税率０％です。これには取引の実態が把握しにくいというような執行上の理由や、有価証券の譲渡を盛んにし、日本における有価証券市場を発展させようというような政策的な意図もありました。こちらの制度も昭和36(1961)年以降、一定の類型のものは法律上も明確に課税の対象とされることになり、そういう課税の範囲も徐々に拡大されていったのですが、原則が非課税ということは昭和63(1988)年12月の改正まで変更されませんでした。

　したがって、一方で特定の要件を満たす土地の譲渡所得に対する課税が非常に重く、他方で有価証券の譲渡所得に対する課税が軽いということは、現実的にもありうることだと考えていただい

てよろしいと思います。いいですか？」

2 「租税回避」とは何か

「それでは、例に戻って『租税回避』ということを考えていきましょう。実は、どういう行為が『租税回避』にあたるのかということは、なかなか難しい問題なのですが……。」

姫：先生、それは別に難しい問題ではありませんわ。（ノートパソコンの画面を見ながら）予習課題として指定された**ケースブック**には、こう書いてあります。

> 租税回避を厳密に定義すれば、「私法上の選択可能性を利用し、私的経済取引プロパーの見地からは合理的理由がないのに、通常用いられない法形式を選択することによって、結果的には意図した経済目的ないし経済成果を実現しながら、通常用いられる法形式に対応する課税要件の充定を免れ、よって税負担を減少させあるいは排除すること」である。　　　　　　（ケースブック129頁）

「たしかにそう書いてありますね。でも、今おっしゃったことを、1回で完全に理解することができる人というのは、少ないのではないですか。もっと分かりやすく、具体的にいうと、どういう行為が租税回避にあたるのですか。」

姫：それも簡単なご質問ですわ。**ケースブック**によると、「たとえば、土地を譲渡する代りに……」。

「ちょっと待って下さい。**ケースブック**を続けて読み上げていただいても、この場合、問題の解決にはなりません。例によって、

簡単なたとえ話で説明してみましょう。

　険しい山の頂上に小さな『ほこら』があって、そこに祀られている神様にお参りすると霊験あらたかだというので、たくさんの人がお参りしていたとします。険しい山なので麓から山頂まで、人が普通に歩ける道は１本しかありません。これに目をつけたその地の殿様が山頂までの道の入口に関所を設けて通行する人々に通行税をかけることにしました。本当はお参りすること自体に税金をかけたいのですが、それだと神様のお怒りが怖いので、代わりに通行税にしたわけです。このとき、通行税を払わずに神様にお参りする方法を考えて下さい。」

――要するに関所を通らなければいいわけですね。

「はい、そうです。」

――それでは、オーソドックスに、山の住人しか知らない抜け道を調べて、そっちの道を通るとか。

部長：忍法で大蟇を呼び出してその背に乗り、人の越えられない水源をさかのぼって行くという手がありますね。

――もっと現実的に、ロッククライミングの達人ならば、険しい山の岩壁を登って行くとか。

姫：そんなの簡単ですわ。自家用のヘリで直接、山頂に降りれば良いではありませんか。

部長：ヘリがいいなら、竜に変身してほこらまで断崖絶壁を飛んで行く、というのもありでしょう。

「大蟇に竜ですか、ロマンですね。ともかく、**ただ山頂に着けばいいだけなら、必ずしも関所がある道を登って行かなくても済む**

わけです。これが租税回避の構造です。山に登ってお参りをするという目的のために、人が通常、1本しかない道を通るなら、租税法はみんながその道を通ることを前提として成り立っています。つまり、その道に関所を設けて税金をかけることにするわけです。ところが、山頂に登るのに普通は人が使わない方法を考えついて実行する人が現れると、同じ『山に登ってお参りする』という目的を果たしているのに、税金を払わない人が出て来てしまう。これが租税回避です。

　今、山頂に登ることにたとえたのが、特定の経済的目的ないし経済的成果のことであり、そこに登る多様な方法を提供しているのが、法律の世界では、私法における契約自由の原則ということになります。たとえば、あるモノに対して自分が持っている支配力をすべて他人に渡すためには、通常は所有権の譲渡という方法をとるわけであり、租税法はそういう場面を考えて、資産の譲渡から生じた所得を譲渡所得として課税することにしている。しかし、私法上は別に、同じ目的をある種の使用権の設定によって達成してもかまわないわけですし、信託とかそういう特別なスキームによって達成してもよいわけです。そして、そういう、通常は用いない私法上の法形式を用いることによって、通常よりも税負担を減らす――場合によってはゼロにする仕組みのことを租税回避と言います。」

部長：要するに、関所破りのことなんですね。

――でも、まだ、もうひとつピンと来ないというか……。

「それでは、私がお出しした事例にそって、具体的に租税回避の

仕組みを皆さんで考えてみて下さい。まず、土地所有者であり、その土地を売りたいと考えている納税者が意図している『経済的目的ないし経済的成果』というのは、どういうものですか。」

姫：簡単なことですわ。その目的は、土地を譲渡することです。土地の所有権を他人に渡し、それと引換えにその土地の値段に相当する現金を手に入れるのが目的ですわね。

「そうですね、そうすると、ここで考える『租税回避』は土地を譲渡して代金を入手するという目的を果たすものである必要があります。そういう結果を生じさせるためにどうすれば良いでしょうか？ 当然、有価証券の譲渡所得だと税率が低いというところがポイントになりますよね。はい、どうぞ。」

部長：まず、土地をAさんに売って、その代金で有価証券を買って、その有価証券をBさんに売ります。

「……そうすると、どうなるのですか？」

部長：合理的でなくて、普通はしないと思いますが。

「それで、土地の譲渡所得に対する所得税は安くなりますか？」

部長：あ、なりませんね。

「合理性がないというだけではなくて、税負担が少なくならないと駄目ですよ。」

——あ、分かった。先生、安く売っちゃったらどうですか。

「安く売るというと？ 譲渡所得の特別控除とかそういう制度的な要素は無視して、基本的な所得計算の考え方で説明してみていただけませんか。」

——たとえば2,000万円で買った土地、これをとりあえず「甲土

地」と呼びますね。それで甲土地の時価が1億円だとして、正直に売ると、

　　1億円－2,000万円＝8,000万円

で、8,000万円の所得が出て、それに50％の税率で税金がかかるから、

　　8,000万円×50％＝4,000万円

の税金を払うことになりますよね。ところが、不合理にもこの甲土地を6,000万円で他人に譲渡すると、

　　（6,000万円－2,000万円）×50％＝2,000万円

となって、税負担を半分に減らすことができます。

姫：それはちょっとおかしいのではありませんこと。簡単なことを見落としていますわ。

――どこが？　だって、ちゃんと不合理な取引で税負担が減ってるじゃない。

姫：それはそうですけど、それでは、意図した経済的目的を達成していませんもの。もともと納税者にとっては、1億円で売れる甲土地を1億円で売りたいというのが「意図した経済的目的」であって、いくらでもいいから甲土地を売るというのが経済的目的ではありませんでしょう。

「（割って入って）それでは、税金を払った後にどれだけのお金が残るか、というところから考え直してみて下さい。」

――はい。もし、普通に1億円で甲土地を譲渡すれば、1億円の現金を受け取って、さっき計算したように4,000万円の税金を払うから6,000万円の現金が手もとに残ります。これに対して

甲土地を6,000万円で譲渡すると税金が2,000万円で、手もとに
残るのは……あ、4,000万円しかない。これじゃ、損するため
にやってることになっちゃう。

姫：ホラ、ごらんあそばせ。

「（また、割って入って）そうですね、**租税回避というのは、狙っ
た取引を行なった上で、たとえば所得税だと税引後の所得が普通
に取引をするよりも多くなることを目的とする**、と考えないと、
うまく理解することができませんね。結構です。だいぶん、前進
しました。ではそういう目的で取引をするとして、有価証券の譲
渡所得の税率が低いことは、どういう風に使えば良いでしょうね。
はい、どうぞ。」

——甲土地をAさんに売るとして、その対価を現金ではなくてX
会社の株式で受け取ります。その後、X会社の株式をBさんに
1億円で売ればどうでしょうか。たとえば、甲土地の取得価額
が、さっきの話だと2,000万円でしたから、2,000万円分のX株
を対価としてこの土地を譲渡すると、

　　甲土地の譲渡所得については、

　　　収入金額＝2,000万円分のX株式

　　　取得費　＝2,000万円（この土地を買った時に払った値段）

　　　譲渡所得＝収入金額－取得費＝2,000万円－2,000万円＝0円

となって、所得がないから、税率がいくら高くても所得税の負
担は発生しません。

　　他方で、X株を1億円で売れば、このときの税率は10%です
から、

（1億円〔収入金額〕－2,000万円〔この値段でX株式を手
　　に入れた〕）×10％＝800万円

となって、所得税は、普通に売ったときの5分の1で済みます。
ちなみに、いくら手もとに残るかというと、持っているものが
おとぎ話の『わらしべ長者』に出てくるように、

　　甲土地 ── X株式 ──➤1億円の現金

と変わっていますから、1億円の現金から800万円の所得税を
払って9,200万円の現金が手もとに残ります。普通は現金でや
り取りするところを株式を間に入れて交換したりするのは不合
理ですから、不合理な手段を用い、所有している甲土地を結果
的に1億円の代金で売ったのと同じ効果を得て、さらに税金が
4,000万円から800万円に減っていますので、これで租税回避が
完了します。

──さすが。

姫：これは立派ですわね。わたくしの家の出入りの税理士の見習
　　いくらいは、いつでも勤まるのではありませんの。

──これでホメてるつもりだから、スゴイなぁ……。

部長：（……納得できずに考え込んでいる。）

「考えましたね。しかし、それで本当にうまくいくか、もう一度
考えてみて下さい。あ、はい、どうぞ。」

部長：ちょっとよく分からないのですが、今の取引の例でX株式
　　はいったい、いくらなんでしょうか。最初に甲土地を売ってい
　　るところでは2,000万円と言われていて、次にBさんに売るとき
　　には1億円で売れているので、なんだか手品みたいだというか、

木の葉の小判みたいだというか、そこが腑に落ちなくて。

――えっと、X株式は2,000万円だから、甲土地を譲渡したときの収入金額が2,000万円になるのだと思いますが……。

部長：その場合に、X株式はすぐに１億円で売れるのですか？

――あ、そうか。じゃあ、値上がりするまで待っていたというのは？

部長：それでは、今、土地を売って１億円を手に入れるという目的を達成したことにならないし、2,000万円の株式が必ず１億円まで値上がりするとは言い切れないでしょう。

――だとすると、X株式はもともと１億円だけど、Aさんと納税者との間では2,000万円と評価して土地と株式を交換する、という契約にしたらどうですか。

部長：それだと、**当事者間でいくら合意しても、１億円のX株式を受け取れば、土地を売った時の収入金額は１億円**になりませんか。現金以外の物や権利で収入したときにはそれらの物や権利の時価で評価する、という規定のことを勉強したでしょう。

――えっと、それは所得税法36条２項か……。

部長：それなら、最初に土地を１億円で売って、それで１億円分のX株式を買って、それを１億円で売るのと変わらないから、最初に僕が出した例と同じことになってしまうと思います。

――ああ、そうだ。逆にX株式は2,000万円で、この**時価2,000万円のX株式を１億円で買ってくれるようにあらかじめBさんと交渉しておいて、AさんからX株式を受け取り、それをBさんに売ったらいいんじゃないですか。**

部長：そんなBさんっているでしょうか。何のメリットもありま
　　　せんよ。

——……。

姫：そんなのは簡単なことですわ。**あらかじめBさんとAさんと
　　の間でAさんがBさんからそのX株式を１億円で買い戻す約束
　　をしておけば済む**ことですもの。Aさんとしては、結局、１億
　　円払ってその土地を入手したわけですから、特に問題はありま
　　せんし。少なくともBさんには損はありませんことよ。この取
　　引をまとめるとこういう図になりますわね（と勝手に前に出て
　　行ってホワイトボードに【図１】を描く）。思いつきだけではな
　　くて、やはり詰めが大事ですわね。それに、法律家を目指すな
　　ら他人に分かりやすい説明もできないといけませんことよ。

「実際にはBさんに手数料を払うという意味で、納税者は9,800万
円でX株式をBさんに売り、Bさんは１億円でAさんに売る、とい
うようなことにしておくのでしょうね。『利ざや』にあたる200万
円がBさんの手数料です。さらにX株式をAさんに売ったことから
発生するBさんの所得税をどうするかとか、Aさんにとって甲土
地の取得費がどうなるか、というようなことも考える必要があり
ますから、実際にはもう少し複雑になりますが、実現できない取
引ではありませんね。

　さて、なかなかよく考えましたが、最初に土地を売るところで、
確実にBさんに１億円で転売できる時価2,000万円のX株式は、い
くらと評価されるでしょうか。」

——えっと……１億円……ですか？

【図1】

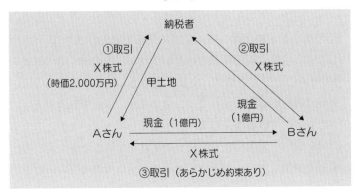

「そうですね。その場合、納税者がAさんから受け取るX株式はB
さんから1億円の現金を受け取る権利を表していることになるわ
けですから。極端に言えば『Bさんから1億円もらえます』と書
いた紙切れ1枚でも良いことになりませんか。だから、そのよう
に仕組んでも、取引の仕組みが税務署に全部ばれると、やはり収
入金額は1億円ということになりそうですね。土地を売ったとき
の収入ではなく、もっと直接に、『土地』を『有価証券』に変え
る方法はありませんか？」

――土地を有価証券に、って、土地の売買ではなくて登記識別情
　　報通知書の売買だから有価証券の売買だ、とか言い張るとかで
　　すか？

部長：「有価証券」の定義からして問題になりそうですね、それ
　　じゃあ。

「でも、それも良い線行っていますよ。要するに土地を表す紙――

株式を作ればいいということですから。」

――あ、先生、その土地で会社を作ってしまったらどうですか。

その土地を現物出資して、交換にその会社の株式を100％取得します。会社は何の事業も行ないません。その後、その株式を100％丸ごと譲渡すれば、実質は土地そのものの譲渡なのに、外見は株式の譲渡ということになります。株式を買った人は、また転売して譲渡益を得ようとするならば株式のままにしておけばいいし、本当に土地を自分の名義にすることが必要ならば会社を解散して残余財産分配で土地を手に入れればいいわけです！（ちらっと姫の方を見て）設立する会社をY会社として、図に書くとこうなります（と、【図１】のとなりに【図２】を描く）。

「ご名答です。それが『土地を株式に変える』典型的な方法ですね。ただ、『外見は株式の譲渡』とおっしゃいましたが、法律上は、その実質も株式の譲渡そのものですよ。」

――そ～んな簡単に、土地が株式に変わるなんて……。

部長：人がドロンと消えて木の枝が残るのを見るようですね。

「実は、ひとつ注意が必要なのは、現行所得税法上は、土地を現物出資して株式を得る場合も、土地の譲渡として扱われます。そして、2,000万円で買った土地が１億円まで値上がりした後に現物出資で会社を作ると、土地と交換に取得した100％の株式の時価が１億円と評価されて、結局、ここで土地の譲渡所得に対する課税が起こってしまうわけです。だから、2,000万円で甲土地を買ったすぐ後にY会社を作っておかないと、この仕組みはうまく働きません。しかし、その点はともかくとして、よく考えて下さ

いました。ありがとうございます。」

【図２】

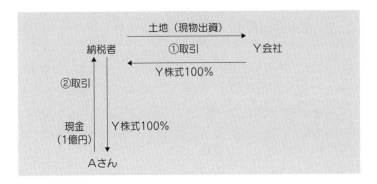

3 脱税との違いは何か

「（教卓のところに戻って、少し「講義モード」に入ると）ここでちょうど良い例ですから、**【図１】**の取引と**【図２】**の取引を比べて、租税回避と脱税との違いを説明しておきましょう。

　まず、**【図２】**の取引では、実際に納税者がAさんに売るのは土地会社の株式であり、その時価は１億円であるものとして、現実にそった形で取引が形作られています。そして、ここに法律の規定をあてはめると、譲渡されているのが株式ですから、土地が譲渡されたときの規定は適用されることがなく、さっきのケースブック流に言えば、**土地の譲渡所得に対する課税要件は充足されず、有価証券の譲渡としての課税要件が充足されて、軽い課税が行なわれる**わけです。普通だと土地を譲渡するときは土地の所有権を

譲渡するはずなのに、それをわざわざ事業目的のない会社に現物出資して、その株式の譲渡の形式をとった結果、こうなるわけです。これが租税回避です。

　これに対して、【図１】の取引の場合、これら３つの取引の全貌が明らかになれば、さっき言いましたように、納税者が受け取ったX株は2,000万円ではなく１億円の価値があるものとして課税されることになるはずです。つまり、**１億円の収入金額を基礎として租税債権が発生している**ことになります。それにもかかわらず、そこから、納税者とAさんとの間の①取引だけを取り出してみると、いかにも収入金額が2,000万円しかないように見えるわけですから、これは8,000万円の収入金額に対応する租税債権の発生を隠していることになります。ごく単純化すれば、もともと甲土地を１億円で売買する契約なのに、代金を2,000万円と偽って8,000万円を隠しているのと同じです。したがって、これは租税回避ではなく、脱税です。**租税回避のポイントは、そもそも租税債権が発生しないように仕組むことであり、租税債権が発生しているにもかかわらず、それが発生していないように見せかけることが脱税です。**この２つはしばしば混同されますが、考え方として異なるものであり、もちろん、効果も異なるので、きちんと区別して理解しておいてください。あ、どうぞ。」

部長：脱税だと、隠した分の税額を納付する義務がありますし、さらに重加算税を課されたり、起訴されて刑事罰を科されたりすることになるわけですね。しかし、租税回避であっても、法律に決められた通りの税金を払わないという点では違いはない

のですから、分けて考える必要は、あまりないのではありませんか。最初に出された関所の例だと、役人の目を盗んで通行税を払わずに関所を通っても、間道をみつけて関所を迂回しても、どっちも「関所破り」の重罪ですよね。

「あ、いや、租税回避の場合は『法律に決められた通りの税金』を払っているわけですよ。たとえば、さっきの【図２】の取引だったら、実際に取引されているのは土地ではなくて株式なのですから、株式の譲渡所得に関して『法律に決められた通りの税金』を払うわけです。ただ、それが、通常の土地の所有権を譲渡する場合よりも、はるかに税負担が軽いというだけです。

　関所の例だと、役人の目をごまかして関所を通るのが脱税で、関所を避けて間道を通るのが租税回避。『関所破り』まで持ち出すと、ちょっと例として適切ではないことになってしまいます。すみません。」

部長：（ちょっと考えていて）分かりました！（頭の上のお面に満足そうに触れて）「曲者！！」という声をかけて手裏剣を投げたら、そこにいたはずの忍者がすーっと消えて壁に手裏剣がブスブス突き刺さっている、という感じが租税回避で、壁に見えたところから手裏剣が突き刺さった忍者がバタッと倒れてくるという感じが脱税というわけですね。

一同：……

4　租税回避への対処はどうすれば良いか

――先生、いくら法律上の構成が株式の売買でも、その取引の狙

いは土地にあるんですよね。何の事業もしていない会社の株式を売買する意味なんて、ほかにはあるわけないですから。だったら、課税の公平という観点からは、その株式の取引は土地の取引と同じ課税を受けるべきだと思います。そうでないと、租税公平主義の看板が泣きます。

「では、その点に議論を進めましょうか。その点は……。」

姫：（先生の発言をさえぎって）そんな簡単なことは、予習するときに調べておくべきですわ。（ノートパソコンの画面をのぞいて）このとおり、「法律の根拠がない限り租税回避行為の否認は認められないと解するのが、理論上も実務上も妥当であろう。」と教科書（金子・139頁）に書いてありますわ。だから、先生のお出しになったこの例で、特別な根拠規定が法律に書いてなければ、そういう課税はできませんの。

――結論だけ読み上げたって、説得力ゼロでしょ。どうしてそうなるのよ。

姫：簡単なことですわ。法律に「土地」と書いてあるときに、「実質的に土地と同じもの」もここに含まれると課税行政庁が解釈して良いと考えることは、租税法律主義の観点から見て疑問がありますでしょう。租税法の原則は、租税公平主義だけではありませんことよ。

――だって、当事者は、最初からヤル気でやってるンだよ。ほっとくなんて、絶対、おかしいじゃない。

――租税法律主義の論点ですけど、ここでは、納税者の予測可能性を確保して不意打ち課税を防止するというところに意味があ

るわけですよね。そうだとすると、【図2】の取引をしている当事者は、これの実質が土地の譲渡だと知っているわけですから、別に土地として課税関係を決めても、不意打ちだというような問題は起こらないと思います。要するに、ずるいことをしようとして失敗した、というだけなんですから。

姫：そうとも限りませんわ。法律に「土地の譲渡」の課税要件しかないときに、「実質的に土地と同じものの譲渡」まで課税するとしたら、解釈によって課税要件を作ったことになりますから、課税要件法定主義の問題も生じるのではありませんこと？

部長：（おそる、おそる）両方の意見を取り入れて、所得税法のどこかに、「この法律で土地というのは実質的に土地の所有権にあたるものを含む。」とか、または、もっと広く、「この法律の適用にあたっては実質的な解釈を行なう。」とか決めておけば良いのではないでしょうか。そうすれば、法律上の規定にもとづいて行政庁が解釈適用を行なうことになって、課税要件法定主義違反の問題は生じませんし、租税公平主義の観点から見ても満足のできる結果になるように思います。

——ナイス・アイディア。あんた、たまに、いいこと言う。

「ちょっといいですか。こういうことは、抽象的に議論してみても、なかなか良い解決にはたどりつきません。まず、さっきの【図2】の取引が、土地の譲渡所得に対する重い課税を株式の譲渡所得に対する軽い課税に変えてしまう租税回避だという点は、皆さん、よろしいですね。

（学生全員がうなずくのを見て）そこで、租税回避が行なわれた

場合に、それを通常の取引に引き直して課税することを、専門用語ですが『租税回避の否認』と呼びます。租税法における『否認』は、ある有効な私法上の行為について、私法上の効力に変更はないが、租税法の適用の上では、もっと簡単に言うなら税金を計算するときは、別のものとして扱います、ということです。たとえば、これは私法上有効な株式の売買だが、土地の売買として所得税を計算します、というような場合に、株式の売買を否認する、と言います。今、皆さんのご意見に従って、所得税法に、『課税庁は租税回避を否認できる』という条文を作ったとしましょう。これで、一応、租税法律主義のうち課税要件法定主義との関係は整理がついたように思えます。

　そこで、問題です。まず、納税者が2,000万円で買った土地を現物出資してY会社を設立するときに、現金200万円を一緒に出資して100％の株式を取得し、この株式を後に1億200万円でAさんに売ったときは、この規定を適用し、租税回避として否認できますか？　はい、あなた。」

部長：土地の時価の1億円と比べて現金の200万円は無視できる
　　程度に少ないので、それは租税回避であり、否認すべきだと思
　　います。

「結構です。では、2,000万円の土地に2,000万円の現金を合わせてY会社を設立し、後にこの会社の株式を1億2,000万円でAさんに売ったらどうですか。」

部長：最初の出資が土地と現金が1対1ですし、売った時の時価
　　を見ても土地の値段の5分の1が現金ですから、それは租税回

避ではなくて株式の譲渡として扱っていいような気がします。
「2,000万円の土地に3,000万円の現金を合わせて会社を設立し、土地の時価が10億円になった時に株式全部を10億3,000万円で譲渡した場合はいかがですか?」

部長:最初の出資だと現金の方が多くて、でも、売った時の価格を見ると現金の割合は少ないですよね……。

「視点を変えましょう。土地だけを出資してY会社を設立した事例で、Aさんに株式の99％を売った場合は租税回避ですか?」

姫:(先生が別の学生を指名しようとしているのを無視して) 簡単ですわ。99％を売ったというのは実質的に全部売ったのと同じですから、租税回避にあたり、否認されると思いますわ。

「では、株式の20％を売ったときはどうですか。かりに土地の共有持分の2割を譲渡したら、それは土地の2割部分の譲渡として課税される、という前提でお答え下さい。」

姫:持分譲渡と同じような、でも、相手が8割の株式を持っているときに、2割の株式を持っていても何もできませんわね。

「事業をしていない会社の株式の保有割合が問題になるのですか?」

――結局、ヤル気でやったかどうかが決め手になると考えちゃったらどうですか。要は、当事者が土地の売買と考えていたかどうかでしょう。

「都心の雑貨屋さんで昔は結構手広くやっていて一応は『株式会社Z商店』だけど、今はおじいさんとおばあさんの2人が広い敷地の隅っこに小さなお店を開いているだけです。そろそろお店を

閉めてユックリ暮らそうと考えたおじいさんたちがZ商店の株式を全部Aさんに売りました。雑貨屋の営業権や商品などを全部合計してもZ商店の純資産の１％にしかならなくて、残りの99％は土地の価値だとすると、この株式の譲渡は否認されますか？」

──おじいさんたちがZ商店全部の譲渡だと考えているのなら株式の譲渡でしょう。

「Aさんは土地が欲しいだけで雑貨屋を引き継ぐ意思はなく、おじいさんたちもAさんが欲しがっているのは土地だと知っていたらどうですか？」

──それでも、おじいさんたちは株式を売って土地の譲渡所得課税を免れようと考えていないのですから、租税回避にあたらず、否認できません。

「Aさんが土地を欲しがっていると知ったおじいさんたちが土地を売ってあげようとしたら、親切にもAさんが株式ごと全部売った方が税金が安いと言ったのでそうした、というケースだとどうしますか？

　それとも、事業をやめるのが目的で、ただ直接、土地をAさんに売るよりも税金が安いから株式を売ったということもあるかも知れません。もし、税金が安くなる分だけAさんに安く売ってあげていたらどうしますか？　おじいさんたちは財産を売り払って事業をやめるという目的しか持っていなくて、それを達成できたわけですよね。税金は減っていますが、得をしたのはAさんですよ。」

部長：なにを売ったかと言えば、土地を売っていることには違い

はないわけだし……。

——税金が減って得をしていない雑貨屋さんに重い課税をするの
はおかしいし……。

姫：当事者の意思なんて言うから簡単じゃなくなるんですわ。要
するに土地を売ったときは全部……。

——だ〜か〜ら〜、土地を売ったことになるかどうかが分からな
いパターンがあるんだって……。

「コホン、先ほどは課税要件法定主義との関係だけをご指摘にな
りましたが、教科書にも、先ほど引用してくださった結論部分の
直前に、個別の否認規定がない場合に課税庁が租税回避を否認で
きるとすると、『否認の要件や基準の設定をめぐって、租税行政
庁も裁判所もきわめて複雑なそして決め手のない負担を背負うこ
とになろう。』（金子・139頁）と書いてあることの意味が、これで
お分かりになったでしょう。

同じ内容の経済取引を行なったのに当事者の意図によって租税
負担が変化するというのでは、それはそれで不公平が生じますし、
そもそも刑事事件と違って税務調査では納税者を逮捕して尋問す
る、というようなことはできないのですから、**租税については当
事者の本当の意図を知ることは非常に手間がかかるか、場合によ
っては不可能**ですよ。

そこで、**租税回避の否認については個別的な基準を設けるほか
はない**ということになりますね。このケースだと、どういう株式
が『土地に類似した資産』にあたるか、たとえば、株式を発行し
た法人の総資産額に占める土地の価格の割合が何％か。それから

どういう譲渡が否認されるような譲渡にあたるのか、たとえば、一度に発行済株式総数の何％を売ったときに土地の譲渡と同じとみなされるのか、というようなことを決めておいて初めて、課税庁としても否認すべきかどうか、また、納税者としても否認されるのかどうか、ということが、あらかじめ分かるということになります。別の言い方をすると、個別的否認規定がある場合に限り租税回避の否認がなされると決めれば予測可能性が確保される、ということです。現実の法律だと、土地等の短期譲渡所得への重課に関わる租税特別措置法32条と、それにもとづく政令がそのような内容を定めています。さっき発言があったように、単に『一般的に租税回避を否認できる』という規定を設けるだけでは、実質的には租税法律主義の問題をクリアしたことにはなっていませんね。」

【租税特別措置法32条】

第1項　個人が、その有する土地等又は建物等で、……所有期間が5年以下であるもの……の譲渡をした場合には、当該譲渡による譲渡所得については、……課税短期譲渡所得金額……の100分の30に相当する金額に相当する所得税を課する。（以下略）

第2項　前項の規定は、個人が、その有する資産が主として土地等である法人の発行する株式……の譲渡で、その年1月1日において前項に規定する所有期間が5年以下である土地等の譲渡に類するものとして政令で定めるものをした場合において、……準用する。

――先生、でもそれだと、**法律に決められた割合を0.1%でも下
　回れば、否認されず、租税回避が認められてしまう**ということ
　になりますよね。

「そうです。しかし、それは明確な基準を持とうとすることとの
関係では仕方がないことだと思うしかありません。」

――それから、**これまでにまったくなかった租税回避を誰かが考
　えついたときには、租税回避が認められてしまう**ということに
　なってしまいますね。

「それもおっしゃる通りです。私も租税回避がどんどん認められ
るべきだと言っているのではありません。ですから、典型的な租
税回避行為に、解釈の問題として、または事実認定の問題として
対応できるのであれば、対応することが望ましいのは言うまでも
ありません。しかし、そのような対応の限度を超えて、**『不公平
だから否認する』**としたのでは、結局、予測可能で公正な税制も、
公平な税制も手に入れることはできない、ということですね。し
たがって、納税者が新しい租税回避を考えつく、立法によってそ
れに対応した否認規定を作る。また、納税者が新しい租税回避を
考えつく、また、立法によって対応した否認規定を作る。この繰

り返しです。

　そして、その結果として何が起こるか？」

——税理士がもうかる？

部長：税務署員が過労死する？

「もっと皆さんにも関係あることですよ。……否認規定が作られるごとに、租税法の規定は複雑で読みにくくなり、『税法六法』は分厚く、重たくなるのです。」

——ウイルスソフトなんてものを作る人がいるから、ウイルス対策ソフトなんてものをインストールしなくちゃならなくなって、パソコンの動作が遅くなる、というのと似てるみたい。

——あ〜っ、そう聞いたら、租税回避なんて考えつく連中のこと、スゴく腹が立ってきた！

姫：そんなの簡単ですわ。CPUがハイパワーならば何をさせてもパソコンは遅くなりませんし、大容量のSSDを積んでいれば『税法六法』はおろか各種の法令集や判例集、それに教科書類を全部取り込んでも、この通り、小さなノートパソコンで持ち運びできますことよ。わたくし用に特別に作らせたものですけど。

——……それもオキテ破りの「荷物回避」だと思うなあ……。

【考えてみよう】

(1)　昭和63(1988)年以降、現在に至るまで、銀行預金の利子は総合課税の対象とされず、15％の比例税率で所得税を課されている。一方、平成15(2003)年の改正までは、総合課税の対象とならない配当所得

や株式の売買譲渡益に対する分離課税の税率は20％の比例税率とされていた。このような税率の違いはどのように合理的に説明できるだろうか。

　　また、平成15年以降は、上場株式に対する配当は実質的に銀行預金の利子などと同じ課税内容（15％の税率による実質的な源泉分離課税）とされている。このような税制の目的は何だろうか。

(2)　平成12(2000)年の租税特別措置法改正までは、国内に住所を有する人が行なった贈与であっても、国外にある財産を、国外に住所を有する人に贈与した場合には、日本の贈与税はかからないこととされていた。この仕組みの下では、どのような贈与税の租税回避が考えられるだろうか。

（「解答のてびき」は286頁）

【気になったときのために】

(1)　現行の土地税制の姿については
　　　・金子・291頁〜297頁

(2)　租税回避とそれへの対応については
　　　・浅妻 = 酒井・219頁〜224頁
　　　・岡村ほか・38頁〜43頁
　　　・金子・133頁〜143頁
　　　・清永・42頁〜48頁
　　　・谷口・61頁〜81頁
　　　・増井・51頁〜56頁
　　　・ケースブック§164.01〜§164.05

(3)　初歩的な租税回避とその否認の具体例については
　　　・演習ノート第11問

第8講　税金が何度もかかる！？
──所得税と相続税──

　　学生の姿がまばらになったキャンパスをセミの軍団が占拠している夏休みです。それにもかかわらず、強い日差しの中で法学部の建物の周りだけは人影も多く、活発な動きが見られます。というのも、今日は法律相談部の「夏の相談大会」初日で、普通は毎月１回、公民館などの施設を借りて行なっている法律相談を、大学のキャンパスで大々的に行なう催しが開かれているからです。部のOB、OGにあたる弁護士さんたちもおおぜい手伝いに来てくれているので、訪れる人たちも、安心して身の回りの法律問題について相談しています。

　　相談は法学部教室棟の一角にずらっと並んだゼミ用の教室をいくつも使い並行して行なっていますが、一緒にいた弁護士の先輩が急用で事務所に帰ってしまうと、2人のいる部屋にはお客さんが来なくなってしまいました。

──あ～～、あ～～、ヒマね～～。

──やっぱり、学生だけじゃ頼りないってことかなあ。

　　その時、コンコン、というノックの音とともに、法律相談部の幹事長が、相談者らしい初老の男性を連れて部屋に入って来ました。

幹事長：こちらの人が、君たちに相談したいって、ご指名だよ。

——あ、駄菓子屋のオジサン！

「や、何ね、お嬢ちゃんたちが大学に行ってずいぶんな物知りになっているって、タバコ屋の婆さんがたいそう宣伝して回っているもんだから、ワシもちょっと相談に乗ってもらおうと思ってね。まあ、このエクレアは手土産みたいなもんなんだが、ちょうど暇みたいだし、おやつにどうかな。」

——わ～、ありがとうございます。では、さっそく……。

——もう、お行儀が悪いんだから、すみません、オジサン。じゃあ、いただきます。幹事長はどうですか？

幹事長：僕は遠慮しておくよ。それよりもお話をうかがわないと。

1　相続した株式を譲渡すると

「いや、大したことじゃないんだが、まあ、お嬢ちゃんたちも食べながら聞いておくれよ。実は、そのエクレアが問題なんだ。」

——（エクレアを頬張る手を止めて）え、じゃあ、もしかして、あたしたち、証拠物件を食べてンですか。

「まさか、証拠なんてもんじゃないんだけど、事の起こりというか、相談したいことにちょっと関係があるのさ。実を言うと話の始めは戦争の前にさかのぼる。」

——戦争というのは、イラク戦争ですか、それとも湾岸戦争？

「いやいや、戦争といえば太平洋戦争——第二次世界大戦さ。実はワシのおじいさんという人は、そこそこ良い家の息子で、戦前はこの街で食品輸入の会社を経営していたんだと。お菓子なんか

を中心に、結構、手広く事業をしていたらしい。ワシの親父はそのおじいさんと最初の奥さんとの間にできた12人の子供のうちの1人だ。」

——12人兄弟……。

「そう、6男6女の5男坊で上に10人のお兄さんやらお姉さんやらがいたと聞いた。もっとも、親父はあまりそういうことを話したがらなかったけどね。親父が今風に言えば思春期に入ったころに実の母親が亡くなって、後妻さんが入って来たんだと。他の兄弟姉妹はこの後妻さんによくなついたのに、何故だか親父はそりが合わなくて、とうとう親父は家を出て、その後色々とあった挙げ句に生まれ故郷のこの街で小さな店を開いた。それが、今、ワシがやっている駄菓子屋ってことだな。その間、実の親とほとんど何の連絡もとっていなかったらしい。」

——あのお店がオジサンで2代目かあ。

「そうか、お嬢ちゃんは親父のことを知らないか。亡くなる直前まで店番をしてたんだが。」

——いつごろ亡くなったんですか？

「平成5年だな。」

——それじゃ、ムリです。あたし、生まれたのが平成12年ですから。

「そうかい。さて、話を戻すと、おじいさんの会社は戦争の間に事業がすっかり駄目になってしまって、おじいさんたちもずいぶん苦労したんだと。親父の兄弟なんかも軍隊に行ったり病気にかかったりで、結局、戦後まで生き残ったのは12人のうちで親父1

人だったと聞いとるよ。戦後はおじいさんたちは隣町に移り、そこで戦前のツテかなんかを頼ったりして原料を仕入れ、お菓子を作るお店を始めた。法律のことはよく分からんが、もともとの貿易会社をそのままお菓子作り——菓子製造販売業とでもいうのか？——そういう会社にしてしまったみたいだ。ちなみにおじいさんという人は頑張り屋で昭和24年には後妻さんとの間に13人目の子供が産まれている。」

——オジサンからいうと、お父さんの腹違いの弟さんですから、
　　叔父さんにあたる人ですね。

「そうだな、ワシより２つ上の叔父ということになるな。
　その後、ずっと親父は自分の父親と仲直りしようとしなかった。おじいさんという人も明治生まれらしい頑固な人で、子供が謝りに来るまではと頑張って生きていたそうな。ところが人間というのは分からないもので、さっき言ったように、親父は平成５年に65歳で亡くなってしまった。後で聞けば、それより前におじいさんの後妻さんという人も亡くなっていたそうだから、父親と話に行くくらいのことはすれば良かったのにね。で、風の便りに親父が死んだことを聞いたおじいさんは、生きる張り合いをなくして寝たきりになり、それでも少し粘って亡くなった。平成８年のことだった。103歳だったそうだ。」

——ひゃぁ、ずいぶん、ひゃくさん生きたものですね。

——「長生き」とは言うけど、「たくさん生きた」とは言わないわよ、もともと。

「はは、それでね、おじいさんが亡くなった時に、さっき言った

２つ上の叔父が初めてうちの店を尋ねて来てね、お菓子屋さんの会社の株を半分相続して欲しいというんだ。おじいさんはそのお店の会社の株を全部、自分１人で持っていたんだね。で、おじいさんが亡くなって相続できるのは実の息子の叔父と孫のワシの２人だけになってしまっていた。むろん、ワシとしては、知らない人も同然だし、戦後お店が立派になっているとしたら、それは全部おじいさんや叔父が頑張ったからだから、株なんてもらう筋合いじゃなかったんだけど、叔父の話を聞いてみると、おじいさんは最後まで、うちの親父と叔父とを兄弟として引き合わせて仲良くさせたかったんだと。それだけが残念だったと、今わの際まで繰り返していたそうな。そう聞くと、知らない人ながらおじいさんと、それから親父の供養という気もして、結局、会社の株を相続することにした。

　そしたらだ、相続したから相続税を払うことになった。これはまあ、仕方がないと思っていたら、むこうの会社がいつも頼んでいる税理士さんの計算だと税金がずいぶんな金額になるんだ。不思議に思って色々訊いてみたんだが、どうやらお店の土地が駅前の一等地でしかも戦前から持っていた結構広いものらしく、そのころはこの辺の土地の値段もまだそこそこ高かったから、そういうものかと思って、少々無理もしたが、結局、言われた通り税金を払ったよ。300万円を超えていたが、これも親父の供養だと思ってね。」

――300万円以上ですか、それは大変でしたね。

「あれから20年以上たつなあ、その間、ワシは株を持っているか

らといってお店の経営に口を出したりしたことはなかったが、叔父という人は10万円かそこらとは言え、『会社の配当だ』と言って毎年、きちんとお金を届けてくれていた。親父の法事にも来てくれたりしてるんだが、なんだか親父が肩肘張っていたのが馬鹿だったんじゃないか、なんて思うこともあってねえ。お嬢ちゃんたち、そのエクレアどうだい？」

――すごく美味しいです。

――甘さ控えめなのにコクがあって、最高。

「それが叔父の店のお菓子なんだよ。」

幹事長：あの、それで、ご相談の内容はどういうことでしょうか。

「そうそう、それでね、おじいさんが亡くなってもうずいぶんたつから、こちらから話を切り出してね、供養と思って株も相続したが、これは預かっているだけとずっと思っていたから、そろそろ返したいってね。でも叔父は真面目な人だから、相続は相続で、預けたわけではないからタダでもらうわけにはいかないって言うんだ。といっても、すぐに買い取ってくれるほどの金は叔父にはない。それで、考えたんだがね、叔父の店の近くの公民館を借りて老人のために色々と催しをしてくれているNPO法人があるんだが、ここにこの株を寄付したら、年に10万円くらいの配当が入り続けて、それで年１回、お店かおじいさんの名前を付けた催しでもしてもらえれば、おじいさんも親父も満足じゃないかな、と思うんだ。」

――！

「でね、そういう話をタバコ屋の店先でしてたら、あの婆さんが、

そういうやりつけないことをやるときには税金が怖いから、是非、お嬢ちゃんたちに相談しろ、ってうるさいもんだから、まあ、大学の中はいつも散歩で来てるけど、この機会に建物の中にも入れてもらおうと思ってさ、こうやって来てみたというわけさ。どうせ、あの婆さんの思い過ごしだろうけどね。いや、つまらない話で悪かったね。」

——オジサン、それはだめです。相続税がたくさんかかったような高い値段のつく株式をNPO法人に寄付したりすると、オジサンに税金がたくさんかかるかも知れません。絶対、危ないです。

——うんうん、なつかしいなあ。思えば、ガイダンスの時にその例につっかかったところから、あんたの租税法人生は始まったのよね。

——何よ、わたしの租税法人生って。

「ええ？　株を寄付すると税金がかかるって？　いったい、いくらぐらいかかるんだね。」

幹事長：ちょっと待って下さい。お話は分かりましたけど、僕たちの法律相談では、税金のことは扱えないんです。そう決まっています。

「なんだって、そうなのかい？」

——うん、オジサンが建物の入口でもらった「法律相談のきまり」にも、ちゃんとそう書いてあるよ。

「じゃあ、正式な相談というわけではなくても、知恵を貸してくれるくらいはできるだろう。ね、食べたエクレアを返せとは言わないんだから。」

幹事長：それじゃ、正式な相談ということでもないので、僕はこれで失礼します。

——あ、ちょっと、幹事長、ずるい……。

——もともと甘いものには目がないくせに、危ない雰囲気を察知してエクレアを食べなかったな、あのニゲ虫のやつ……。

——そういう本能だけは抜群よね。

「なんだい、あの男は。どうせお嬢ちゃんたちの方が詳しいんだろ。だいたいでいいから、税金がどういうことになるか教えておくれ。叔父のエクレアも食べたことだしさ。」

——う〜、そう言われると弱いな。

——でも、ここには租税法の本とか資料とか持って来ていませんから……ねえ、こないだ図書館で勉強した時の教科書とか色々、全部、部室に置いてあるから、わたし、取って来るね。

——とか言って、あたしを置いて逃げるつもりじゃないでしょうね。いいわ、あたしが取って来てあげる。

——疑ぐり深いわね。それじゃあ、お願い、ロッカーのところのいつものバッグだからすぐ分かると思う。

——オッケー、じゃ、行ってくるね。

　　　友達が荷物を取りに行っている間、駄菓子屋のオジサンからもう一度丁寧に話を聞き直して、メモ（次頁）を作りました。それでも友達は帰って来ません。

┌─メ　モ─────────────────────────────┐

明治26(1893)年　おじいさん誕生

昭和3(1928)年　オジサンの親父さん誕生（おじいさん
　　　　　　　　35歳）

昭和？年　　　　おじいさんが食品輸入会社を設立

昭和？年　　　　おばあさん（親父さんの実母）死亡
　　　　　　　　おじいさんが後妻さんと結婚
　　　　　　　　→親父さんが家出する

昭和20(1945)年　終戦
　　　　　　　　おじいさんの会社がお菓子の製造・販
　　　　　　　　売を始める

昭和24(1949)年　叔父さん誕生（おじいさん56歳）

昭和26(1951)年　駄菓子屋のオジサン誕生（親父さん23
　　　　　　　　歳）

　　　　⋮　　　　　　　　　　⋮

昭和？年　　　　おじいさんの後妻さん（叔父さんのお
　　　　　　　　母さん）死亡

平成5(1993)年　親父さん死亡（享年65歳）

平成8(1996)年　おじいさん死亡（享年103歳）
　　　　　　　　叔父さんとオジサンが株式を相続し、
　　　　　　　　相続税を払う

令和3(2021)年　現在、オジサンが相続した株式の寄付
　　　　　　　　を検討中

- -

後妻さん＝＝＝おじいさん＝＝＝おばあさん
　　　　菓子屋の　　　　　親父さん＝＝お母さん
　　　　叔父さん
　　　　　　　　　　　　　駄菓子屋の
　　　　　　　　　　　　　オジサン

└──────────────────────────────┘

2 古くからある租税法

──すみません、時間がかかっちゃって。あの子、いったい、何
　　しているのかしら。

「いいよ、別に。急ぐ仕事が入っているわけじゃなし。それより
　もさ、ワシのおじいさんが平成８年に亡くなったって言っただろ
　う。それで相続税を払ったわけだが、よく考えると、おじいさん
　は明治26年生まれで、生まれた時はまだ相続税なんてなかったん
　じゃないか。」

──えっと、**日本に初めて相続税ができたのは、たしか明治38**
　(1905)年ですね。日露戦争をするのにお金が必要だったので作
　られた税金だと本で読みました。だから、おじいさんが生まれ
　た時にはまだなかったことになります。

「それでも亡くなったら相続税を払わなきゃならないものなのか
　ね。」

──それはそうです。**相続税は「相続により財産を取得した」人**
　にかかる税金で、オジサンは「相続開始の時」、つまり、おじ
　いさんが亡くなった時に「相続により財産を取得した」ことに
　なりますから、おじいさんがいつ生まれたかは関係ありません。
　それに、もしも自分が生まれた後にできた税金は払わなくてい
　いんだとしたら、オジサンは消費税法ができるよりも前に生ま
　れてますから、一生、何を買っても消費税を払わないことにな
　って、おかしいですよね。

「ああ、言われてみればそうだね。いや、ふと、変な気がしたも

んだから。それにしても明治38年か、結構、昔からあるものなんだね。」

──いえいえ、**日本で所得税が最初にできたのなんか明治20（1887）年**、おじいさんが生まれる少し前ですよ。**アメリカの連邦所得税**はいったん1894年にできたけど翌年に裁判所に連邦憲法違反だと判断されて廃止され、憲法に修正条項を加えて、今に続く**所得税がきちんとできたのは1913年**だと聞きましたから、それよりも日本の所得税の方がかなり古いことになります。

【アメリカ合衆国憲法】

修正第16条〔所得税の賦課及び徴収〕〔1913年成立〕

　合衆国議会は、徴収額を各州に割り当てることなく、また国勢調査または人口算定に準拠することなく、いかなる源泉から生じる所得に対しても租税を賦課し徴収する権限を有する。

（高橋和之編『新版世界憲法集〔第2版〕』（岩波文庫・2012）より）

「法人税は？」

──ええっと、たしか**「法人税」という税金は昭和15（1940）年**の、これも戦争のための増税の時にできたのだと思いますけど、それよりもずっと前、**明治32（1899）年から法人にも「所得税」をかける**という方式で、法人の所得にも税金がかかっていました。たしか法人所得を「第一種所得」とか呼んで個人の所得とは別に分類していたように記憶していますから、実質的には法人税があったのと同じですね。

「所得税も法人税も、そんなに古くからあったのか。いや、1つ物知りになった。ワシなんか、消費税が始まったのが平成元

（1989）年のことだ、くらいしか覚えていないよ。そう言えば、逆に、なくなった税金なんてものはないのかね。

——それはあんまり知りませんね。**消費税ができたときに、それまでの物品税がなくなった**、くらいかな。税金って一度できると、なかなかなくならないってことでしょうか。

「ふ〜ん、それにしても、よく覚えているね。」

——はい、よく、そう言われます。でも、記憶するのは苦にならないたちなんです。ついでに言っておくと、税制は戦後、全面的にやり直すことになって……。

　　そのとき、友達が荷物を抱えて入って来ました。

3　資産の取得費とみなし譲渡のからくり

——ちょっと、遅いわよ。

——ゴメン、ゴメン。租税法の話になるとほかの先輩たちじゃ頼りにならないから、ナカ兄を探して手伝いに来てくれるように頼んでたのよ。ちょっとしぶってたんだけど、あんたも一緒って言ったら、ガゼンやる気を出して、後から、来・て・く・れ・る、ってよ。

——（！）……もう、要らないおしゃべりはいいから、早く、税法六法と教科書をこっちに渡してよ。オジサン、ずっと待たせてるでしょ。

——（バッグを渡しながら）素直じゃないなぁ、はい。

——（バッグから六法を取り出して）ご相談のケースは……。

――これは正式な相談じゃナイ。

――いちいち、うるさいわね。（早口になって）とにかく、寄付するということはただであげるということで、つまり、贈与です。そして、贈与を受けるのはNPO法人という法人です。だから、オジサンがNPO法人に株式を贈与すると、この所得税法59条1項1号の**みなし譲渡**の規定が働いて、その贈与があった時に「譲渡があったものとみなす。」ことになるので、譲渡所得を計算することになります。

【所得税法59条1項】

　次に掲げる事由により居住者の有する……資産の移転があつた場合には、その者の……金額の計算については、その事由が生じた時に、その時における価額に相当する金額により、これらの資産の譲渡があつたものとみなす。

　一　贈与（法人に対するものに限る。）……

　譲渡所得の金額は譲渡による総収入金額からその資産の取得費と譲渡費用との合計額と特別控除とを控除した金額になりますが、このケースだと「その時における価額」すなわち時価で譲渡したとみなされていますので、**総収入金額は寄付した株式の時価**ということになります。

――ちょっと、落ち着きなさいよ。租税法のことを知らない人にそんなにまくし立てたって、分かりっこないわよ。

　オジサン、寄付しようとしてる株の、今の値段って分かります？

「え、あ、株の値段ね、そうそう、一応、叔父に言って税理士さ

んに訊いてもらったんだが、大体1株あたり1万5,000円くらい
だそうだ。なんでも、相続税を計算したときは1株3万円近い値
段だったそうで、それも腑に落ちないんだけどね。」

——時価がだいたい1株1万5,000円ですか、で、何株あるンで
　　す？

「2,000株ちょうどだね。2人で半分ずつ分けたから叔父も同じ
だけ持っている。」

——だとすると、1万5,000円×2,000株＝3,000万円、が総収入金
　　額ですね。

「そうかい、その値段で叔父が買ってくれれば一番いいんだが、
とてもそれだけの現金は叔父の手もとにはないだろうね。」

——で、とりあえず細かい譲渡費用とかは無視するとして、その
　　3,000万円の総収入金額からこの株式の「取得に要した費用」、
　　つまり、手に入れるのに払ったお金を差し引く、と。

「株を手に入れるのにかかった費用といえば、大体、350万円く
らいかな。」

——ちょっと待って下さい。それは何の金額ですか？

「だから言っただろう、この株を相続した時に払った相続税の金
額だよ。」

——それは、違います。その株式はオジサンが、おじいさんから
　　相続したもので——普通の相続ですよね。それを法律的には単
　　純承認って呼んでいますが——そういう場合は、**その株式を手
　　に入れるのにおじいさんがいくら払ったか、というのが、オジ
　　サンの取得費**になります。

「え、なんだって、おじいさんがいくら払ったか、だって。おい
おい、なにを言っているのか、さっぱり分からないよ。もう少し
分かりやすく説明してくれないかな。なにがどうして、そういう
ことになるんだい？」

──ちょっとこの図を見て下さい（と、机の上のノートパッドに
　【図1】を描く）。

【図1】

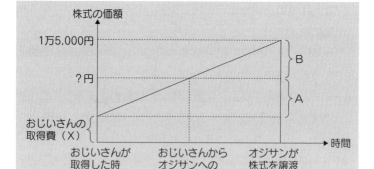

──昔、おじいさんが、いくらか分かりませんがX円を払ってこ
の株式を手に入れたとして、その株式の値段がずっと上がって
いって、途中でおじいさんが亡くなってその株式をオジサンが
相続して、いよいよオジサンがだれかにその株式を売ろうとし
た時に、1株が1万5,000円だった、ということをこの図は表
しています。分かりますか。

「（上着のポケットから老眼鏡を出して、図をよく見ながら）うん、

だいたい、分かるよ。」

——そこで、オジサンのおじいさんがこの株式を手に入れた時か
　ら、オジサン自身がこの株式を売る時までにこの株式がいくら
　値上がりしているかというと、

　　　値上がり分＝１万5,000円－Ｘ円

　ですよね。オジサンがおじいさんから相続した時の値段——こ
　れは分かりませんから「？円」と書くとすると、この図で、

　　　Ａ＝？円－Ｘ円

　というのは、おじいさんが株式を持っている間に値上がりした
　分です。それから、

　　　Ｂ＝１万5,000円－？円

　というのは、オジサンが株式を相続してから売るまでに値上が
　りした分です。

「（図をいちいち指で押さえながら話を聞いている。）……。」

——そこでお訊きしたいのですが、この株式を相続した時に、所
　得税は払いましたか？

「えっ、所得税かい？　相続税ではなくて？　いや、払ったのは
相続税だけでこの株について所得税を払いはしなかったよ。（少
し怒ったように）同じ株をもらって相続税やら所得税やら、いく
つも税金を払うわけはないだろう。」

——はい、そうだと思いました。しかし、そうだとすると、おじ
　いさんが株式を持っていた期間の値上がり分——このＡのとこ
　ろにはまだ税金がかかっていませんよね。これは本来、相続の
　時に課税されるべきだったものがまだ課税されていないという

ので、「課税の繰延」と言います。

「ふむふむ。」

――だから、今度、**オジサンがこの株式を売るときには、繰り延べられているおじいさんの分にまで一緒に税金をかける、つまり、A＋Bのところに税金がかからないと筋が通りません。**そこでもう一度図（【図1】）を見てもらうと、

A＋B＝1万5,000円−X円

ですから、オジサンが、もしこの株を売ったとしたらいくら税金がかかるかを計算するのには、**売るときの値段の1万5,000円からおじいさんがこの株を手に入れるのに支払ったX円を差し引いて計算**する必要があるんです。

――やったね、証明終了、Q.E.D.。

――このように、相続人なんかの所得の計算の時に被相続人が資産を取得するのに必要だった金額を使うことを「**取得費の引継**」と言います。今の法律だと所得税法60条1項に規定があります。取得費が引き継がれるから、相続や贈与の時にいちいち課税しなくても、**被相続人が所有していた期間中の値上がり益を非課税にしてしまうことなく、**相続人が実際に相続財産を譲渡する時まで「**課税の繰延**」をすることができるわけです。だって、おじいさんがAのところについて課税されていないのに、オジサンの所得の計算に「？円」を使うと、オジサンが課税されるのはBのところだけになって、結局、Aのところについて税金を払わないままになってしまいますから。

「ちょっと待ってくれ。所得税は払っていないけど、相続税は払

ったって言ったじゃないか。それで相続税の計算をする時には１株３万円で計算していたというのだから、こういう図を書いて考えるのだったら、なんかこう〜、今度、１株１万5,000円で売った時には、１株につき１万5,000円の損が出ることにならないのかね。」

——オジサンが言いたいのはこういうことですね（とノートパッドの別の頁に【図２】を書く）。

【図２】

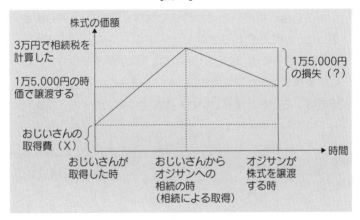

「ふむふむ、ここがこれで、相続の時が３万円で……うん、こうなるね。しかし、うまいもんだね。ワシなんかから急に言われてこんなのがさらっと書けるなんて、すごいね。」

——へへ、ホメられちゃった。ありがとうございます。でも、残念ですが、こうはならないンです。それはナゼかというと、はい、タッチ、説明してあげて。

――ん、もう、面倒なことは全部、わたしに押しつけるんだから。

うまく説明できるかどうか分かりませんけど、この３万円というのはオジサンが払った相続税を計算するのに使った株式の値段ですよね。でも、**相続税というのは、オジサンがこの株式を手に入れたという理由で、そもそもオジサン自身にかかる税金**なんです。オジサンの財産が、

　　　３万円×2,000株＝6,000万円

で6,000万円分増えたということについて税金がかかっています。これは、**相続したのが株式ではなくて6,000万円の現金であったとしても変わりません。**一方で、こっちの図（【図１】）のAのところには、**おじいさんが払うはずだった税金が払われないままでオジサンに引き継がれているものが含まれていて、それは、もともとはおじいさんの税金**です。だから、１株いくらで計算して相続税を払ったかということと、今度、株式を売るときに１株についていくら所得税がかかるかということは、全然、関係ないんです。だって、もしも、相続の時にかかったのが、おじいさんが持っていた間にこの株式がX円から値上がりした部分についての所得税だったら、その時におじいさんが株式をいくらで手に入れたかが問題にならないといけないのに、そうはならなかったでしょう？

「なるほど、ワシの財産が増えた分に相続税がかかって、それなのにおじいさんは所得税を払っていなかったから、今度、ワシがそれを払わなきゃならないというんだね。理屈はだいたい分かったような気がするが、おじいさんが払うはずだった所得税までワ

シが払わなきゃならんというのは、正直、困ったもんだね。」

——ちゃんと説明もせずに、税金の計算の話ばかりしてしまいましたが、そもそもオジサンが株式をNPO法人に寄付するとなぜ所得税がかかるか、ということは、その点に関係しています。

もともとは、**相続したり贈与したりするたびごとに**、亡くなった被相続人や贈与をした人にかかる所得税をいちいち計算して納付するという**みなし譲渡**の制度が所得税法に決められていました。そうすれば、相続したり贈与を受けたりした人が前の人の分まで所得税を負担するということがなくなりますし、国としても、ある人が財産を持っていた期間の値上がり分にタイミング良くきちんと課税することができますから。

さっきお話が途中になってしまいましたが、戦争に負けた後、日本は税制を全面的にやり直すことになって、アメリカから専門家のグループに来てもらい、その意見にそって所得税と法人税を中心にした税制を作り直しました。やって来た専門家グループがコロンビア大学の教授だったカール・シャウプ博士を責任者としていたので、このグループをシャウプ使節団、使節団が発表した報告書を**シャウプ勧告**、そしてその勧告にもとづいて作られた昭和25(1950)年の税制を俗に**シャウプ税制**と呼びます。このシャウプ税制が戦後色々と変えられてきて、特に平成元(1989)年からは所得税・法人税のほかに消費税も税制の大きな柱にするという大改革がありましたが、それでも、今の日本の税制の骨格は、この時に作られたものだと言ってよい、と教わりました。

この使節団は理論的にとてもしっかりした税制を勧告していて、**シャウプ税制では、今、言ったように、相続や贈与のときの「みなし譲渡」の制度などもきちんと整備していた**わけです。「昭和25年と言えばワシが生まれる前の年のことか。」

——ところが、相続があったら相続税を払う上に、亡くなった人が払うはずだった所得税まで相続人に払ってもらうというのは、最初にオジサンが言いかけていたみたいに、一般の国民にはすごく分かりにくいし、相続税だけで結構な負担なのにそのときに所得税の分まで払ってもらうというのは、実際にお金のやりくりとしても大変なことが多いですよね。それでそういう仕組みはだんだんと縮小されて、その代わり、相続した人が相続財産を現実に売るときに、亡くなった人の分まで所得税を払ってもらうという制度に変わってきたわけです。この図（**【図１】**）で**Aにかかる税金とBにかかる税金を別々に払うやり方からA＋Bにかかる税金を１回で払うやり方に変わってきたわけですね。ところが、いくつかの場合についてはまだ古い制度のままになっていて、その１つが「個人が法人に財産を贈与する」というパターンだ**、というわけです。この場合は、おじいさんやオジサンがこの株式を持っていた期間の値上がり分は、後でNPO法人がそれを売った時まで待つのではなく、オジサンに税金をかけて清算しておこうというわけです。

——あ、あのさ、今、気づいたんだけど、それだと、オジサンの相続税を計算する時に、この株って高く計算され過ぎてるんじゃないかな？　だって、相続したオジサンがこの株を売る時に、

この図（【図1】）のAの部分に税金がかかるンだからその**税金分だけ3万円から差し引いとく必要がある**ような気がしてきた。もしかしたら、株の評価は3万円のままで、それにかかる所得税の税額分を相続人が相続する被相続人の債務の中に入れるのかな。

——う〜ん、それはそうかも知れないけど、相続したオジサンがこの株をいつ、いくらで売るかとか、その時の税率がいくらかとか、相続税を計算する時には分からないわけだから、実際は無理なんじゃない、そういうのって。

——なんだか歯切れは良くないけど、じゃあ、そういうことにしておこうか。

4　ずっと前から持っていた資産だと

「なんだか、まだ狐に化かされたような気がするが、とにかくこの株を寄付すると税金がかかって、その額を計算するのにはワシのおじいさんがこの株にいくら払ったかを調べなくちゃならないということは分かったよ。しかし、多分、戦前に作った会社の株をそのままにしていたんだろうから、いったい、いくらなんだろうねえ……。」

——あ、ちょっと、オジサン、考え込んでいるところすみませんが、問題はまだあるんです。さっきから、「おじいさんが株式を手に入れた時に払った値段」って言ってきましたけど、実はそんなに簡単じゃないんです。

「え？」

——お話だと、この株式は戦争前からおじいさんが持っていたわけですよね。

「そうだよ。」

——そういう、昭和27(1952)年12月31日以前から持っていたものを譲渡した場合は、昭和28(1953)年1月1日にこの株式がいくらだったかをつきとめて、それが1万5,000円から差し引く金額になると法律で決められています。この会社の株式はずっとおじいさんが1人で全部持っていたんですよね。

「叔父からはそう聞いているよ。」

——そうだとすると、「証券取引所において上場されている株式または気配相場のある株式」にはあたりませんから、所得税法61条4項と所得税法施行令173条を見ると、おじいさんの会社の昭和28年1月1日の「資産の価額の合計額から負債の額の合計額を控除した金額をその発行法人の同日における発行済株式……の総数で除して計算した金額を基礎として」計算した金額、が、1万5,000円から差し引くべき取得費になると書いてあります。つまり、昭和28年1月1日に今と同じ4,000株が発行されていたとすると、この日の会社の財産の額から借金の額を差し引いて4,000で割った金額が1株あたりの値段になるってことなんです。

「なんだって。そんな昔の、それもある特別な日に会社の財産や借金がいくらだったかなんて、とうてい、分かるわけないじゃないか。なんでまた、そんな馬鹿げたことが法律で決まっていたりするんだね。」

──オジサン、戦争が終わってすぐのインフレって、ものすごかったんでしょう。

「エッヘン（と胸を張って）、ワシは昭和26年生まれの戦後世代だから、戦後すぐのインフレなんて、直接には知らん。ただ、後から聞いたら戦前と比べて物価が100倍になったとかならなかったとかで、とにかくすごかったという話は親父からも聞いたことがある。そのころの人は、ずいぶん、苦労しただろうね。」

──そうですね。だから、戦争前に100円だったモノは戦後は1万円の価値があるわけで、その9,900円分は「値上がり分」ではないわけです。モノとしての本来の価値は一緒。そうすると、**戦争前の貨幣価値と戦後の貨幣価値の調整をしなくてはならない**ので、戦後のものすごいインフレが昭和27年のうちに終わったと考え、戦前の分はすべて御破算にして、**昭和28年1月1日の値段**で全部計算することにしよう、というのがこの規定の趣旨だと習いました。

「そうか、じゃあ、馬鹿げているばかりでもないんだな……。ちょっと待ってくれ、それじゃあ、**昭和28年から今までのインフレ**はどうしてくれるんだい？　お嬢ちゃんたちの生まれる前だけど、石油ショックや狂乱物価なんてこともあったんだ。うちで扱っている商品だって、同じ物がずいぶん、値上がりしているよ。たとえば、今、1枚5円で売っているエビせんべいなんか、ワシが店を手伝い始めたころは2枚で1円で売っていたのを覚えているから、ざっと10倍の値段になっていることになるな。」

──わ〜お、金本位とかじゃなくて、「エビせん本位主義」だ。

——そうですよね、昭和28年から今まで、もう70年近くもたっているんですから、結構、インフレもあったでしょうし、最近はデフレとかもありましたから、本当は色々と調整したりしなくちゃいけないんでしょうね。法律はそうなっていませんけど。それにしても、昭和28年1月1日の株の値段は、どうやって調べればいいんだろう……。

——こういう時こそ、ナカ兄の出番よね。それにしても、おっそいな〜、あたし、チョット見てくる。

——あ、ちょっと待って、わたしも行く。オジサン、ちょっと失礼します。すぐ戻ります。

「ああ、いいよ、行っといで。」

　　　2人が出て行くのとほとんど同時にオジサンの携帯電話が鳴りました。電話に出たオジサンがちょうど通話を終えたところで、ノックの音がします。

「どうぞ。……ああ、角の家の次男坊じゃないか、しばらく見なかったな。」

「あ、駄菓子屋のオジサン、ご無沙汰しています……あの、この部屋でオジサンの相談を聞いている担当の学生が2人いるはずなんですが？」

「ああ、お前さんの従妹と、それからえらく物知りの娘さんだね。ちょっと、と言って出て行ったが、じき戻るじゃろ。待ってる間にお前さんもこれの味をみてくれんか。」

「エクレアですね。いただきます……（エクレアを頬張ったまま）
あ、おいひい、おいひいれすよ、ほれ。」

――（ノックして入って来るなり）すみません……あ、先輩！

――ナカ兄、そのエクレア、食べちゃったの!?

「なんだ、そんな顔して。うん、とても美味しかった。ひょっと
して、これ、お前のだったのか？」

――いや、そうじゃなくて……。

――これで先輩もこの相談から抜けられませんね……。

「ははは、もともとそんなつもりじゃないよ。ところで、お嬢ち
ゃんたち、色々とありがとう。実は、今、電話があって、急なお
客さんが来るというんで、すぐに店に戻らなくちゃならなくなっ
てね。とにかく、**税金のことを調べないと株を寄付するかどうか
決められない**ということは分かったよ。この税金の話は、叔父の
会社が頼んでいる税理士さんにも訊いてみることにするよ。いや、
今日は勉強になった。また、店の方にも寄っとくれ。それじゃあ、
さよなら（と言って部屋を出て行く）。」

「なんなんだ、いったい？」

――先輩、実は……（とメモを見せて事案を説明する）……という
　わけで、話がここでストップしていたんです。

「なんだ、そういうことか。大枠はキミたちの説明で間違ってい
ない。小さな会社の昭和28年１月１日の純資産額なんて、簡単に
は分からないよな。全然理論的ではないけど、そういう困った場
合に、**課税実務は、取得費を収入金額の５％としていればそれで**

いい、**という扱い**にしていたはずだ。これはもともとは租税特別措置法に昭和28年より前から持っている土地や建物の取得費を収入金額の５％とするという規定があったんだけど、実務がそれをほかの資産にも拡大して運用しているんだ。（通達集を開きながら）えっと、所得税基本通達38-16だな。」

> **【所得税基本通達】**
> （土地建物等以外の資産の取得費）
> 38-16　土地建物等以外の資産（……）を譲渡した場合における譲渡所得の金額の計算上収入金額から控除する取得費は、法第38条及び第61条の規定に基づいて計算した金額となるのであるが、当該収入金額の100分の５に相当する金額を取得費として譲渡所得の金額を計算しているときは、これを認めて差し支えないものとする。

――それでは、１株あたり１万5,000円の５％で、750円の取得費にしておけば、税務署との関係では問題がないわけですね。

「そうだな。今だと、株式を譲渡したときは他の所得、たとえばオジサンの駄菓子屋経営から得られる事業所得なんかとは分離して国税15％、地方税５％の合計20％の比例税率で課税されるから、

$$税額 ＝（１万5,000円－750円）×2,000株×（15％＋５％）$$
$$＝570万円$$

で計算できる。しかし、ま、言っちゃなんだが、実際に１株１万5,000円で売るならともかく、みなし譲渡で１円も収入がないのに570万円も税金を払うのは、馬鹿々々し過ぎるな。」

――ナカ兄、オジサンが払った相続税って、取得費には入らない

の？　登録免許税とかは取得費に入るって勉強したような気がするんだけど。

「いや、**相続税額は取得費には入らない**。それは相続した財産そのものに関する費用ではなくて、相続した人自身が負担する支出だから。でも、ちょっと待てよ、何か特別措置があったような……（税法六法を見ながら）あ、ダメか。相続税の申告書の『提出期限の翌日以後3年を経過する日までの間』に相続した財産を譲渡したときはその財産の分の相続税の額を取得費に算入できるって規定が租税特別措置法の39条にあるけど、オジサンの場合は相続してから20年以上たっているわけだからな。」

──とにかく、オジサンとしては払った相続税の分だけでも返してもらえばいいンだから、350万円とかキリの良いところで400万円とかの値段でお菓子屋さんの叔父さんに買ってもらうわけにはいかなのかなあ。それくらいのお金なら有るンじゃない？

「それをやると、菓子屋さんの方に贈与税がかかるよ。**低額譲受によるみなし贈与**──相続税法7条だ。それに、菓子屋さんとしては株を『返して』もらいたくはないという話だしね。」

> **【相続税法7条】**
> 　著しく低い価額の対価で財産の譲渡を受けた場合においては、当該財産の譲渡があつた時において、当該財産の譲渡を受けた者が、当該対価と当該譲渡があつた時における当該財産の時価（……）との差額に相当する金額を当該財産を譲渡した者から贈与（……）により取得したものとみなす。〔以下略〕

──先輩、株式を実質的にお菓子屋さんに返して、NPO法人でお

じいさんかお菓子屋さんの名前の催しをしてもらいたいというオジサンの希望をかなえる方法は何かありませんか。お話を聞いていると良い人ばかりなのに税金のことで困っているみたいで、できれば力になってあげたくて。

「……信託とか組合とかのスキームをうまく使えば、オジサンやNPO法人に大きな税負担を負わせることなく、やりたいことを実現することができるかも知れない。

ただ、信託や組合の仕組みや課税はとても複雑で素人の手には負えないから、これはちゃんと法律や税務のプロの意見を聞いてもらう必要があるね。特に信託法は平成18（2006）年に全面改正されて一般の人にも使いやすくなっているはずだから、新しい信託法で何ができるか、明日、弁護士の先輩たちに相談してもらったらどうかな。」

——そうと決まったら、ふたりはオジサンのお店に直行！　その後は自由解散でいいから。後期が始まるといよいよ忙しいんでしょう。たまには息抜きに夕御飯でも一緒に食べに行ったら？

そうそう、ナカ兄、甲斐性を見せて、ちゃんとおごるンだよ。

——だめよ、大会1日目の夜はその日の反省会と先輩たちとの懇親会よ、わたしたちも行かなくちゃ。

幹事長：（バタン、とドアを開けて教室の戸口のところから一歩入ると）この部屋は終わったかい？　それじゃあ窓の鍵と電灯・エアコンの電源を確かめて、部室に戻るように。先輩もお願いします。あ、廊下側のドアは後でまとめて施錠するから、六法とかは、そのまま置いていても大丈夫だ。

――（グイっと幹事長の腕をつかむと）幹事長、このふたりはさっ
　　きのオジサンのエクレアの食べ過ぎで体調を崩してしまったの
　　で、反省会とかは欠席です。

幹事長：エクレア？　体調を崩した？？　先輩も？？？

――分からないんですか、じっとお腹の痛みをこらえているとこ
　　ろですよ。ホラホラ、他人の苦しみを理解できない人間は良い
　　法律家になれないって、OB会の会長さんが今朝のスピーチで
　　言ってたでしょ。（そのまま腕をつかんで教室の外に引っ張って行
　　く）さ、行きますよ。（顔だけ振り返って）お腹が痛いところ悪
　　いけど、エアコンとかお願いね。じゃ、バイバイ。

「……反省会で何と言われるかを考えると腹というより頭が痛い
　が、とにかくお店に寄って、オジサンに明日も来てくれるように
　言っとこう。キミはどうする？」

――わたしは「お腹が痛い」ので……夕御飯は中華粥なんてどう
　　かなあ、って思ってるんですけど……美味しいお店を知ってい
　　るんです。

【考えてみよう】

(1)　所得税法 9 条 1 項16号は、「相続、遺贈又は個人からの贈与によ
　　り取得するもの」を非課税としている。この規定はどのような前提
　　の下に作られていると考えられるか。

(2)　個人Pが所有している甲土地を個人Xが時効取得し、その後Xが甲
　　土地を他の人に譲渡した場合の課税関係につき、ある下級審判決
　　（東京地判平成 4 年 3 月10日訟月39巻 1 号139頁）は、（ア）甲土地を時効

取得したことでXは一時所得を得ることになり、その収入金額は甲土地の時効援用時の時価である。(イ)Xが甲土地を譲渡した時の甲土地の取得価額は(ア)で述べた時価である、としている。このような課税のしかたをする場合、譲渡所得に対する課税という観点からは、Pにはどのように課税するのが合理的か。

　また、この判決と異なる課税の考え方は成り立たないか。

（「解答のてびき」は288頁）

【気になったときのために】
(1)　日本の税制の歴史について
　　　・本書エピローグ
　　　・増井・24頁〜34頁
　　　・ケースブック・コラム「株主との関係からみた法人税制の歴史」(404頁〜405頁)
(2)　シャウプ勧告について
　　　・ケースブック・コラム「シャウプ勧告（昭和24年8月27日）」(173頁〜175頁)
(3)　みなし譲渡や取得費の引継について
　　　・浅妻＝酒井・67頁〜72頁
　　　・岡村ほか・93頁〜96頁
　　　・佐藤・124頁〜142頁
　　　・ケースブック§222.05

第9講　私法とのおつきあい
──租税法と私法──

　　夏休みが終わるとすぐに期末試験が始まります。今日は試験勉
　強をしていてよく分からなかったことを質問しに、先生の研究室
　にお邪魔しています。

「さて、ご質問はどういうことでしょうか。どうかお手柔らかに
お願いしますよ。」

──本当は、「期末試験にどんな問題が出るンですか」って訊き
たいところなんですけど、それはいくらなんでもダメでしょう
から、正攻法でいくことにして……あたしたち、先生の授業に
出ていて、「所得税の仕組み」とか「相続税額の計算方法」と
かというような租税法の中の問題は、ある程度分かったような
気がするンですが、その外側というか、民法や商法と租税法の
関わりというようなところが、まだよく分かんないんです。

──先生は、授業中に「『租税法と私法』の問題の1つです。」っ
て何度かおっしゃいましたよね。でも、そういう議論の持つ意
味というか、つながりというか、そういうものがよく分かりま
せん。

「私の今期の授業では、『租税法と私法』という問題を3つの場

面というか、方向から扱いました。まず第1は、『私法』の世界で租税というものがどのように位置づけられるかという点、違う言い方をすれば、私法の世界において租税ないし租税法はどういう意義を持っているか、ということです。第2に、租税徴収手続を念頭に置いて、租税を『租税債権』として見たときのその効力という場面で租税法と私法との関係を考えました。最後が——これが『租税法と私法』論として取り上げる問題としては最もポピュラーだと思いますが——租税法が『私法』の体系とどのように向き合っていくかという問題です。第1の点については、もう、充分にお分かりですよね。」

——租税は私法取引において、きわめて重要な考慮要素だ、ということですね。

「そうです。ガイダンス以来、私はずっとそのことをお話ししてきましたね。それでは、ご質問にそって第2、第3の点をお話しすることにしましょう。」

1 「租税債権」と私債権

「まず第2の点ですが、『租税債権』という考え方が、最初はどういう文脈で議論されたか覚えておられますか。」

——はい。もともとはドイツの議論で、租税法律関係を優越的・権力的意思の主体である国家の課税権に納税者が服従する関係と考える「租税権力関係説」と、租税法律関係の本質は国家が納税者に対して租税債務の履行を請求する関係にあると考える「租税債務関係説」とが対立していましたが、両者は租税法律

関係のどういう場面に着目するかの違いによるもので、**どっち
が正しいという性質のものではありません**でした。しかし、
「租税権力関係説」だと租税法は行政法各論の一部でしかない
のに、「租税債務関係説」によれば独立した法分野と認められ、
かつ「租税債権」という考え方を中心にした新しい体系を持つ
ことができるようになる点に違いがあります。

「さすが、いつもながら素晴らしい記憶力です。」

──でも、こういう議論の意味はさっぱり分かりません。要は物
の考え方だ、という結論ですし、こう言っちゃあなんですが、
租税法が独立した法領域になるとか新しい体系を持つとかいう
のは、先生たち租税法学者のお家の事情で、あたしたちには関
係ありませんよね。

──しかも、この議論のすぐ後で、租税は債権だが特殊な性質を
持っているという話があって、法定債務性だとか、公法上の請
求権だとか言われた挙げ句に、結論として「租税債権は普通の
債権とは違う」ということになるわけで、結局、この議論はな
んだったんだろうという疑問が残ってしまうんです。

「それでは、租税を『債権』としてとらえることの意味を、少し
考えてみましょう。

　非常に大雑把な整理ですが、租税を債権としてとらえるといっ
ても、2つの考え方があるように思われます。まず、これを見て
ください。昭和15(1940)年に初版が刊行された**美濃部達吉先生**の
『日本行政法（下巻）』です。」

──美濃部達吉って、あの「天皇機関説事件」の先生ですか。

――戦後は東京都知事もしたとか。

「天皇機関説は美濃部先生ですが、都知事はご長男の亮吉氏です。
　美濃部先生はここで、こう述べておられます。」

> 　租税徴収の権利は固（もと）より公法上の権利であるが、金銭債権であ
> ることに於いては私法上の債権と実質を同じくし、随って種々の
> 点に於いて私法上の債権と同一の原則の適用を受ける。
>
> 　　　　　　　　　　（『日本行政法（下巻）』〔有斐閣〕1175頁）

――租税債務関係説、ですね。

「はい。しかし、私人が国に対して持っている債権と、国が私人
に対して持っている租税債権との相殺ができるか、という問題に
ついては、こう書いておられます。」

> 　相殺に関する民法の規定は納税義務には適用せられない。納税
> 義務者が国家に対し弁済期に在る金銭上の債権を有する場合でも、
> 国家的公権たる租税徴収権と私人に属する金銭債権とは其（そ）の法律
> 上の価値を異にし、納税義務者は相殺に因（よ）り其（そ）の義務を免れ得べ
> きものではない。　　　　　　　　　　　　　　（同前1182頁）

――……どうしてそういう理屈になるのか、全然分かりません。

――これだと、租税が金銭債権だということにどういう意味があ
　るのですか。美濃部先生は本当は租税債務関係説を支持してお
　られなかったんじゃないでしょうか。

「先生の膨大な著作をきちんと読み込まなければ確実なことは言
えませんが、今のところ、私はそうは思いません。たとえばほ脱

犯の処罰については、先生は、国庫と納税義務者との関係を徹底的に私人間の債権債務関係と同視しようとされました。『行政刑法概論』というご本で、ほ脱罪に対する罰金刑は、形式的には刑罰の一種だとしても、実質的には不法行為にもとづく損害賠償に類するものだ、とされている点などにはその点が色濃く現れています。

　ちなみに、この『日本行政法』という書物での租税法の位置づけは、〈第四編行政各部の法〉の〈第五章財政法〉の〈第三節租税法〉です。

　今度はこちらの本を見て下さい。昭和14（1939）年に出版された**杉村章三郎先生**の『租税法』です。杉村先生は、私が授業で使っている教科書の著者の金子宏先生の先生で、戦前のわが国に租税債務関係説を紹介された、いわば租税債務関係説の本家筋の方ですが、それでも、このように述べて、やはり他の請求権と租税債権との相殺を否定しておられます。

> 　租税債務関係の認定は、租税に関する基本的法律関係を私法上の債権債務関係と同類の構成の下に整備しようとするのであるから、勢ひ私法理論の類推を導き易い。併し両者の性質上の差異は必しもすべての場合に租税債務法に対する私法規定の適用を許さない。
>
> （『租税法』〔日本評論社〕17頁）

　ただ、その点に引き続いて、このように書いてある点は大きな手がかりになると思います。」

併しこれらは何れも租税と異種の請求権との間の相殺の問題であるから、例へば錯誤によって多額の税額を納付した場合の如き、これと次期に納付すべき同種の租税との相殺が考へられぬことはない。

（同前）

——つまり、これらの説によれば、**租税債権と私債権はあくまでも別物だけど、租税を債権として構成することの意味は、租税法の内部で私法と同様の法律構成が使える**ことにある。租税債権どうしは相殺できるとか、ほ脱罪は不法行為だとか、ところどころで私法を鏡に写したような租税法が作れるところが租税債務関係説のポイントだということですね。

——えっ、なに、それどういうこと？

——だから、他の分野だと、たとえば、この前誤認逮捕されたから今日は1回逮捕パスだとか、前に違法に許可を取り消されたから今度は違法に許可をもらってチャラにするとか、ないじゃない。

——ないわよ。

——だけど、**租税だと、去年払い過ぎた分は今年の租税と相殺できるっていうのは、租税が「債権」であり、だから「相殺」という私法上の法理が適用できる**ってことなんだと思うの。

——う～ん、じゃあ、債権なのに別物というところは？

——ええっと、それは……。

「そうですね……。カタツムリを飼ったことはありますか。」

——（沈んだ声で）はい、小学生の時に。殻がツヤツヤした可愛

いやつでした。

「それで、それがどうかしたのですか？」

——逃げました！ お小遣いを貯めてあんなにたくさんキャベツを食べさせてやった恩も忘れて！！

「カタツムリに逃げられたのですか。普通、途中で捕まえられそうな気がしますが。まあ、とにかく、あなたがそのカタツムリを飼っている時に、だれかがそのカタツムリと、それよりふた回りは大きくて立派なナメクジとを交換してくれ、と言ったらどうします？」

——ダメです。

「ナメクジのほかに、ツヤツヤときれいなカタツムリの殻も付ける、と言われたらどうですか？」

——絶対、嫌です。だいたい、ナメクジ飼う人なんていませんよ。

「だって、カタツムリも殻をとればナメクジと一緒でしょう？」

——一緒じゃありません。カタツムリの殻をとったら死んじゃうんです。中に内臓とか入っていますから。

「つまりそういうことなんです。カタツムリとナメクジはよく似ているけれど、カタツムリにとって『殻がある』ということは本質的なことで、殻とカタツムリ本体とを分けて考えることはできないわけですよ。今お話しした学説における租税債権も同じで、**それが何らかの意味で『公法的』ないしは『権力的』であるという性質は、租税債権の本質に関わるもので、それを取り去った『私債権と同じ租税債権』というものは考えられない**、ということだと思います。」

——あの、余計なことですが、こちらの本では租税法は1冊なのですか。

「いいえ、新法学全集の行政法の5巻目で、文化行政法、社会行政法、租税法、専売法、地方税法、軍事行政法、が合冊です。」

——軍事行政法ですか……。「法律学全集」や「法律学大系」なんかとは、ずいぶん違う扱いなんですね。

——「独立した法分野」とか言われてもピンときませんけど、暗い階段を上がって部屋に入る雑居アパートを出て、郊外の庭付き一戸建てに引っ越したかった、という感じだとすると、それができちゃった今から昔を思うと、なんだかしみじみしますね。

「ずいぶんと生活臭の漂う共感のしかたですね……。」

——先生、それで、今お聞きした美濃部先生や杉村先生のような租税債権の考え方は、授業でうかがったのとはずいぶん違うみたいですけれど。

「あっ、すみません。つい、話が横道にそれてしまいました。

　租税を『債権』としてとらえるときに、もうひとつありうるのは、**それが『債権』である以上、普通の私債権と本質的には変わらない**はずだ、という見方です。」

——ごく自然な考え方ですよね。

「ところで、この第2の考え方の重要なインプリケーションとして、租税と私債権とが衝突して何らかの調整が必要とされる場合、原則的には『債権』に関する一般的なルール、すなわち、私法の考え方が適用されるべきだ、ということがあったと思います。『債権』どうしの衝突なのですから。

そして、この考え方に従えば、もしも**租税債権に何らかの特別**
なルールの適用があるべきだというなら、その必要性を租税の側
で論証しなければならないことになるわけです。比喩的に言えば、
租税『債権』は、『特殊性』という何かしら他とは違った貝殻を
背負ったヤドカリで、ヤドカリの中身、つまり債権としては他の
私債権と異ならない、という考え方ですね。」

──あたし、どっかの島にカタツムリの殻に入るヤドカリがいる
　って、テレビで見ました。

「面白いですね。ではその話を使うならば、租税債権はカタツム
リの殻を被っていても所詮ヤドカリだから、ほかのヤドカリでは
なくそのヤドカリだけを可愛がるなら、それには理由が必要だと
いうことです。」

──反対に、第1の考え方だと、カタツムリを飼ってもナメクジ
　を飼わないのには理由が要らないわけですね。

「そうです。ナメクジは嫌だがカタツムリは飼う、で充分なわけ
です。

　後者のヤドカリ型の発想は、特に、国税徴収法をめぐる議論に
顕著に見られました。昭和34(1959)年に制定された現行法の前に
施行されていた明治30(1897)年制定の旧国税徴収法においては、
租税は私債権に対して非常に広い範囲で優先するものとされ、わ
ずかに滞納国税の法定納期限より1年以上前に設定された抵当権
や質権によって担保される債権で、その担保権設定の事実を公正
証書により証明するものだけが、国税に優先しうるに過ぎないと
されていました。」

——逆に言うと、だれかが一番抵当を付けても、その後1年以内に法定納期限が来る国税が滞納されると、その「後から現れる国税」の方が抵当権よりも優先するということになりますね。

「はい。それで、このことを**当時の私法学者は厳しく批判**しました。**我妻栄先生**の『抵当権判例法』というご論文の中には、次のような一節があります。

> 現行制度においてかつて存した一般抵当権なる制度は影をひそめ、公示なき優先権は存在せず、抵当権は登記によってその安全を保障されているのであるが、ただ一つ何ら不動産登記簿上表象せられることなくして夢魔の如く抵当権者を脅かすものがある。それは他でもない。国税および公課金である。(傍点は原文)
>
> (『民法研究Ⅳ-2』〔有斐閣・1967〕89頁)

この記述では、租税債権に抵当権付私債権とまったく同じルールというか、発想をあてはめて批判がなされていますよね。」

——「夢魔」、だなんて、なんかいやらしくないですか？

「テレビゲームに出てくるサキュバスあたりの画を想像するから、そういう発言になるんです。これはもとは昭和10(1935)年の論文ですよ。ただの『魔物』というだけの意味でしょう。」

——でも、国税債権が闇の中からニューっと出てくるというか、抵当権者が悪夢にうなされるというか、そういう感じはよく出ていますよね。映画のシーンみたいなのを想像すると特撮研のアイツが喜びそう。

——それで、公法の先生方は、このような考え方に対してどういうご意見だったのですか。

「一部ではこのような考え方に敏感に反応しておられました。たとえば杉村先生は先ほどの書物で、当時の制度に対する私法学者の批判として我妻説に言及され、また、さっき説明した旧国税徴収法において担保付債権が国税に優先する場合の説明として、このような確実な権利を第三者が有する場合にまで国税の優先を認めると『取引の安全を害すること頗る大となるからである。』と書いておられます。この『取引の安全』というのは、すでに私法的な発想でしょう。」

——そうですね、民法の本などでもよく出てきますね。

「しかし、全体としては、公法学者の方から明確なリアクションはあまりなかったように思います。この問題が多くの公法学者にはっきりと意識されるのは、国税徴収法の改正が議論される昭和30年代初めのことだったんじゃないでしょうか。先ほどの美濃部先生のお弟子さんにあたる行政法の大先生で後に最高裁の裁判官もされた田中二郎先生が、そのころのある研究会でこのような発言をしておられます。えっと、どこだったかな（と本棚を探して1冊の本を取り上げ、開いて読み上げる）。」

　　今までは租税債権のメーヤウェルト（Mehrwert）を認めたというか、租税債権は一種の金銭債権ではあっても一般の私債権とは同じ価値のものではないという考え方をとって、その観点から租税債権と私債権との相殺を許さないというような租税債権の特殊性を理由づけて来たのですけれど、最近の傾向は、一般にむしろそれを債権債務の関係として規定し、そこから出発していろいろ新しい理論構成をしていくということになったのですね。

——その「債権債務の関係」というのは、一般の私法におけるの
　と同じような「債権債務の関係」という意味ですね。

「そうですね。そして、このようにもおっしゃっています。『今
までの考え方からすると、国の租税債権などは当然優先的に取り
得べきものだという考え方が基礎になっている。そして国税徴収
法』これはもちろん、明治30年に制定された旧法です。『国税徴
収法は、当然のこととして、租税の優先的地位を認め』ている。
『それが、今日、日本でも多くの人が考えつつあるように、租税
債権も一般私債権と同じ性格のものと考えるという考え方と衝突
することになっているわけです。』」

——いつの間にか、自分は変わらないのに周りが変わっていた、
　という感じですか。

——それよりも、自分はカタツムリだと思っていたら、知らない
　うちにカタツムリの殻に入ったヤドカリになっていた、という
　雰囲気じゃない？

——カフカの『変身』みたい。

「現在の国税徴収法の立法過程においては、**租税債権がカタツム
リの殻をかぶったヤドカリに過ぎないという前提**のもとに徹底的
な議論が行なわれました。たとえば、租税債権はなぜ一般債権に
優先するのか、という点についても、法定債権であって個別に担
保をとれない以上一定限度での優先権がなければ租税債権は普通
の私債権よりも弱い立場になるし、これを防ぐために一般的に租

税債権に担保を付ければ、それによる混乱は租税債権に優先権を認めた場合の比ではない、というような議論の進め方でした。また、担保権付債権との関係では、旧法における広汎な優先権が、本来的な優先の必要性のほかに徴収回避行動への対応の意味合いを有していたことが認識されたため、一方で徴収回避への対応措置としての第二次納税義務の制度などを拡充しつつ、**租税債権と担保付私債権との優先劣後の基準は、私法における基本的ルール、すなわち公示の原則に準じたものとする**ことになり、滞納国税の法定納期限が原則的な基準時として選ばれました。これは担保を付けようとする私債権者がその時に知り得た国税のみが当該担保権に優先するということを意味します。

　もちろん、……」

——先生、あの。

「はい、なんですか？」

——あの、いえ、そのまま「講義モード」に突入してしまうと、
　先生もあたしたちもちょっと大変かな、なんて思ったりしまし
　て……。

「すみません、またやってしまいました。私の講義癖は職業病だと家内からもよく言われるんです。」

——ねえ、職業病って労災認定とか、出るのかな。

——まさか、そんなわけないでしょう。失礼よ。

——だって、奥さんにしてみたら、これって庭先にアスベストの
　山があるよか迷惑よ、きっと。

「ひとつ付け加えておくと、平成16（2004）年の**破産法改正で破産**

手続における租税債権の優先性がかなり大幅に削減されています
が、そのような立法を支えているのは、租税債権を、国税徴収法
を立法した時代よりもさらに一般の私債権に近づけて考えようと
する考え方だと言ってよいでしょう。違う言い方をするなら、租
税債権には『公共性』『公益性』があるというような議論が立法
に関して持っていた説得力が、だんだん弱くなってきているとい
うことだと思います。後期学期に倒産法を履修されるのであれば、
この点にも是非、気をつけて勉強して下さい。」

2 租税債権は特殊か普通か

——もとは公法学における議論だった「租税債務関係説」が私法
　流にアレンジされ、それが定着していくにつれて租税法上もそ
　ういう考え方に対応した制度に変更されてきた、というストー
　リーはなんとなく分かってきましたが、そういう私法流という
　か「租税債権ヤドカリ説」的な考え方は、国税徴収法などの
　「立法」のほかにも大きな影響力を持ったのですか？

「持ちました。私法において形成されてきた各種の法理の租税債
権への適用ということが考えられてきたのは、その影響にほかな
りません。有名な例としては、滞納処分による差押えと相殺に関
する一連の最高裁判決があります。これは民法で勉強しておられ
るでしょう。」

——はい、（ノートを確認して）昭和45年6月24日の大法廷判決、
　民集24巻6号587頁に登載されているのが、現在のリーディン
　グケースです。

「ほかには、民法177条、94条2項の類推適用、法人格否認の法理などの例をあげることができます。**民法177条の租税債権への適用**を肯定したリーディングケースである最高裁判決は、このように判示しています。**判例百選**の12番事件（最判昭和62年1月20日訟月33巻9号2234頁）の解説に引用されていますね。

> 　国税滞納処分においては、国はその有する租税債権につき、自ら執行機関として、強制執行の方法により、その満足を得ようとするものであって、滞納者の財産を差し押さえた国の地位は、あたかも、民事訴訟法上の強制執行における差押債権者の地位に類するものであり、租税債権がたまたま公法上のものであることは、この関係において、国が一般私法上の債権者より不利益の取扱を受ける理由となるものではない。
>
> 　　　　　　（最判昭和31年4月24日民集10巻4号417頁）

　自分の不動産について不実の登記があることを知りながら放置していた者への**民法94条2項の類推適用**についても、租税債権への適用が判例で肯定されています。上で触れた最判昭和62年です。下級審判決では、滞納会社の債務を免れる目的で別会社を設立したと認定される事案につき、**法人格否認の法理を租税債権に適用**したものがあります。神戸地判平成8年2月21日（訟月43巻4号1257頁）で、これも**判例百選**の同じ事件の解説で言及されています。」

——そのような私法上の法理の適用については、租税債権は、まったく、ただの「債権」に過ぎない、ということなんですね。

「それが、まったく普通の債権、とも言えないところに難しい点

があります。詐害行為取消権を例にとって説明しましょう。まず、**租税債権に民法上の詐害行為取消権の規定──民法424条以下の適用**があることについては、明文の規定があります。国税通則法42条です。これはまあ、確認的な規定であると考えるのが自然でしょう。ところで、民法424条を租税債権に適用するについては、いくつかの解釈問題が発生します。平成29（2017）年債権法改正前の民法では被保全債権の発生と取り消されうる詐害行為との前後関係はどのように考えられていたと習いましたか？」

──判例・通説では、被保全債権が発生した後に行なわれた詐害行為が取消しの対象となるとされていました。具体的に言えばお金を貸す場合はその時の相手の資産状況を見て貸すわけですから、それ以前に何をしていても債権者には関係ない、ということです。

──ただし、詐害行為後に発生した遅延損害金や延滞税債権についても被保全債権として認めた判例もあったので、改正後の現行法は、詐害行為前の原因にもとづいて生じたものであれば、詐害行為後に発生した債権であっても、詐害行為取消しの対象となることとされたんですよね（現行民法424条3項）。

「そうですね。ところが、租税債権について言えば、改正前の考え方をそのまま適用するのでは適当ではない場合があります。たとえば、ある人が自分の唯一の資産である土地を売った場合、その土地譲渡益に対する所得税債権は売った年の12月31日に発生します。他方、譲渡直後にその代金で特定の債権者の債権のみを弁済したために資金がなくなって所得税が滞納された場合、今の

『原則』を厳密にあてはめると、詐害行為と目される偏頗弁済は租税債権の成立前に行なわれているので、取消しの対象とはならないということになってしまいます。この点はいつもこういう順序になるわけですから、不合理でしょう？　さらに租税特別措置を適用して課税繰延を行なったりした場合には、『詐害行為』から2年近くもたってから租税債権が成立する場合すらあります。その間に詐害行為のようなことをしても、それらはすべて害される租税債権の発生よりは前だということになってしまうんです。」

──逆に、租税から逃げようとする側からすると、民法の考え方だと都合が良いですよね。

「このような事例について、改正前の裁判例は、『詐害行為当時未だ発生していない債権であっても、発生の基礎となる法律関係や事実が発生し、債権の発生が高度の蓋然性をもって見込まれる場合』には、そういう債権も詐害行為取消権の被保全債権となるとして、この場合のような租税債権に対する詐害行為取消権の適用を認めていました。判例百選の11番事件（横浜地裁小田原支判平成26年9月26日訟月42巻11号2566頁）が代表例ですね。これは租税債権が法定債権で、債権者たる国は債権発生当時すでに無資力になっている納税者と債権債務関係に入らないという選択がないということを考慮した結果だと説明することができるでしょう。法定債権だから未発生の債権につきそれが発生する高度の蓋然性があるということも可能だ、とも言えますかね。」

──「租税債権は法定債権である」ということは、解釈論上も実益を持っているんですね。

――その限りで、やはり私債権とは異なる「特別な債権」という
　わけですか。

「それが、そうでもありません。世の中で何も租税だけが法定債
権というわけではなく、先ほどの遅延損害金もそうですが、民事
上の他の法定債権についても同様の考え方はあてはまるはずです。
現に、調停により将来発生することとなった婚姻費用分担請求権
を被保全債権とする詐害行為取消請求が認められた裁判例が存在
します。（講義ノートで確認して）最判昭和46年9月21日（民集25
巻6号823頁）の事件です。」

――ということは、私債権というのも実は1種類ではなく、色々
　あることを考えると、「租税債権の特殊性」といっても、それ
　をバラバラにすれば他の同様の性質を持った私法上の債権と変
　わらないことになって、かえってある種の「普通の債権」だと
　強く言えてしまうということにはなりませんか？

「そういう見方も可能ですね。ところが、詐害行為取消権に関す
る裁判例からは、租税債権が必ずしも数ある債権の1種類に過ぎ
ないとも言い切れない印象を受けます。というのも、民法の判例
において偏頗弁済が詐害行為とされる例はごくまれだったのに対
して、租税債権の場合、滞納会社の代表取締役や親会社など、そ
の弁済を受けると滞納会社が租税を納付できなくなる事情をよく
知っていた者に対する弁済は、それ自体が詐害行為とされる例が
多いのです。この点は不法行為の損害賠償債権など租税と同様に
片務的な法定債権も同様に扱われるのか、それとも租税債権には
徴収確保の要請が強く働き、その限りで『公共的』な性格を残し

ているのか、明らかではないところがあります。」

——こうやってお話をお聞きしていると、今言われている「租税債権も債権だ」という考え方は、**租税債権をいったん、普通の債権と同じものと考えた上で、それが租税債権に認められる何らかの制度的または理論的な特徴によって変更される余地があるか**を考える、というものなのだと理解すればよいということが分かってきました。

——「租税債権の特殊性」というのも、単なる説明ではなく、立法論や解釈論に役立つ意味を持っているンですね。

3 私法とのつきあい方

「そこでいよいよ、**私法上の概念や行為を租税法、特に課税要件にどのように取り込むか**、という問題ですね。『租税法と私法』として語られてきた中心的な問題がこれです。」

——はいっ。(とペンとノートを構えて座り直す。)

「ずいぶんな意気込みですね。」

——そりゃ、もう、「租税法と私法」は、今度の期末試験の最重要の大ヤマですから。

「そうなんですか、知りませんでした。」

——ええ！？　もう、ナカ兄^{にい}のウソつき！

「さて、授業でさまざまな角度から取り上げましたが、この場面での『租税法と私法』論というのは、煎じ詰めると**私法取引における租税の予測可能性をどのように確保するか**、という1点に集約されてきます。**私法上採用された法形式を尊重**し、それを基礎

として課税関係を考えるべきであるという原則的な考え方はまさにそれを目的としているわけですし、**借用概念**、つまり私法など他の法分野で確立した意味内容を有する概念は、租税法においても同じ意味に解釈すべきであるとする判例・通説や、**個別の否認規定がない限り一般的に租税回避を否認することは許されない**とする通説なども、結局、守ろうとしている『価値』は租税の予測可能性であるわけです。」

——個別に明文の規定がないと租税回避を否認できないということについては、最初は公平性の確保という観点からずいぶん不満があったのですが、授業を受けてよくよく分かりました。

——それだけ現実は色々だってことですよね。

「しかし、この分野には、そう単純に割り切ることができない厄介な問題がたくさんあります。まず最初に『**不意打ち防止**』と『**私法上の形式の重視**』とはいつも同じことか、ということを考えてみましょう。

　所得税における利子所得の範囲を例にとると、受け取った『利子』が利子所得になる銀行預金と事業所得や雑所得になる貸金業務とは、基礎となる契約が金銭消費寄託契約と金銭消費貸借契約のどちらにあたるかによって区別する、というのが通説・判例でしたね。しかし、そのような私法上の性質決定は私法の世界ではあまり重視されているようには思えないのです。」

——そこのところの授業のときに、先生はずいぶん数多くの民法や商法の先生方の御著書を引用して、銀行の預金契約が消費寄託契約であるとされているその「され方」を説明して下さいま

したよね。紹介された文献では、積極的に説明してるというよりも、どうも「あえて問われれば」という印象でした。

——そうそう、金融法の老教授のクビを、こう〜、ギュッと締め上げて「先生、本当はどっちなんですか？！」と問い詰めると、「う、う〜、銀行預金は金銭消費寄託契約じゃ、ガクッ。」みたいな感じ。

——すっごい真に迫ってるけど、あなた、まさか、やってみたんじゃないでしょうね。

「金融法の先生が休講しておられるのは、なんか事故だと聞いた覚えがあるんですが……。

　とにかく、銀行預金をめぐって私法上の紛争が生じたときの法的解決の基準は、ほぼすべて銀行約款の内容や解釈というような点に移っていて、銀行預金契約が——金銭消費貸借契約と対比させる意味で——金銭消費寄託契約だという点はほとんど意味を持つ論点としてはとらえられていない。それなのに、ひとり租税法だけが、利子所得になるか事業・雑所得になるかというような非常に重要な区別の基準を私法上の法的形式の差異に求めるのは、結果として当事者の期待を裏切ることになる恐れはないか、という点が、私としては気になったわけです。つまり、通説の重視する『租税の予測可能性』をより良く確保するために、かえって私法上の法形式を離れる必要がある場面もあるのではないか、ということですね。」

——肉を斬らせて骨を断つ、と言うとホメ過ぎか。

——ひとつ間違えば予測可能性の確保も公平な課税もできずに、

虻蜂取らずになってしまいそうだし。

「相変わらず、厳しいですね。

　ところで、租税法に明文の規定がない限り私法上の形式・内容を尊重すべきだという態度は、今では判例・学説において相当強固なのですが、いったん、租税回避防止などのために明文の規定を設けると、今度は『私法の尊重』という態度が急変しているように思えることもありますね。もちろん、明文の規定を設ければ予測可能性の確保という観点からは問題はない、とも言えますけれど。

　たとえば、相続税の基礎控除——今だと相続人１人あたり600万円——の計算上考慮する養子の人数を最大２人までに制限した相続税法15条２項の規定などは、明文で規定すれば何でもできるのか、という感が強いですね。たとえ特別養子などは除かれているとしても。」

——はい、いくら偽装養子を用いた租税回避が目に余るからといって、これでは不幸な子供たちをたくさん養子にして育てた篤志家のお金持ちとかに冷た過ぎると思います。民法の先生も「養子意思の有無の問題として解決すべきだ」と批判しておられたのをうかがったことがあります。

「そうですね。ただし、最高裁が、判例百選の16番事件（最判平成29年１月31日民集71巻１号48頁）で、節税のための養子縁組について『相続税の節税の動機と縁組をする意思とは、併存し得る』と判断したことから、現在では議論がさらに進んでいます。」

——だいたい、このあたりの感じって、何も言わないうちは「ど

こまでも君についていくよ」とか言ってたくせに、「もう来ないで」と断ったとたんに「じゃ、サヨナラ」って帰っちゃうような雰囲気ですよ。切替えが早過ぎ。

——本当は租税法にとっては私法が大切なのではなく、租税法上の価値である「租税の予測可能性確保」の実現のために、手段として私法を大切にしているだけなのではないですか？

——いるンですよねえ、男女を問わず、よく聞いたら、恋人じゃなくて恋をしている自分が大切なんだってヤツ。あ、ナカ兄はそんなヤツじゃないから、大丈夫、大丈夫。

——（耳まで真っ赤になって）先生の前で、なに馬鹿なこと言ってるのよ！

「ふふ、ナルシーな恋人とは別れればよいとしても、同じように租税法が私法と『別れ』られるかどうかは難しい問題です。問題の根底には、少なくともわが国においては、これまで**課税要件は主として私法の言葉を使って書かれてきたという歴史**があるわけです。それを今度は租税法独自の言葉で決められるかも疑問だし、かりにできるとしても、それが今よりも出来の良い租税法になるかということは、納税者の予測可能性という点だけをとってみても断言できません。たとえば、相続税法の２条１項１号に『相続』を定義するようなことが望ましいのでしょうか。だから、当分の間は私法の言葉を使いつつ、予測可能性の確保の要請を、その他の考慮要素、たとえば課税の公平性の確保の要請などと折り合わせていく努力を続けていくしかないのだと思いますね。」

——いわば、腐れ縁……。

「ただ、これまでのように課税要件を解釈するときに、まず、**私法の解釈を参照するというやり方が今後行き詰まる可能性**は、充分にあります。たとえば、贈与税の課税時期は民法上贈与契約によって所有権が移転した時とする、と考えて贈与による所有権の移転時期を調べたら民法の本には、『なし崩しに移転する』と書いてあるような場面が生じてきています。一般的にいうと、私法について『甲と乙とはどう区別するのですか』というようなことを私法の先生にお訊きしたら、何のための区別か、だれがだれになにを請求している場面での区別か、というように訊き返されることが、しばしばあります。このタイプの議論の場合、たいてい、最後は『租税のことは租税法で決めたら良いでしょう』ということになりますね。」

——ふむふむ、このごろ恋人が冷たい、というわけですね。

「それが……今日、最初の方でお話しした国税徴収法の立法のときの『租税徴収制度調査会』の速記録を見ていると、**鈴木竹雄先生**のご発言にこのようなものがあります。手形の譲渡担保の扱いについて議論をしているところでのご発言です。」

「結局、私法上の関係で、これは売買とか売り渡し担保とかいうふうなことがどうであるかという問題と、税としてどんな取扱いをするかということは、私は別に考えた方がいいのではないかという感じしかしない。だからいいかえれば、商法をやっているから出てこいといわれたわけですが、商法の問題というよりは税の問題ではないかということで……どっちに割り切るかは税の立場から……いえば概念の相対性ですね。それでいくほかないのじ

ゃないかという感じがするので、むしろこまかい私法論というふうなものをやることは、沈黙していた方がいいのではないかという感じなのです [。]」
（租税徴収制度調査会第41回速記録（昭和33(1958)年10月27日））

——先生、あの、鈴木先生ってどういう方ですか？

「皆さんが使っておられる商法の教科書の著者の方の、先生の先生にあたられる方です。たしか文化勲章も受けておられます。」

——えー、つまり商法の大先生なんですね。その先生が昭和30年ころ、と言うと、えと1955年ころに、もうそういうことを言っていたんだったら、租税法はもう70年近くも前に私法にフラれていたことになりますね。

「フラれたというか……。」

——先生、それ以上つきまとうと、もうストーカーですよ。私法のことは潔くあきらめましょう。遠くから、そっと幸せを祈ってあげるのがオトコってもんです。

「あきらめる、とかいう問題ではないですが、必ずしも租税回避に関わらない分野でも、明文の規定で予測可能性を確保しつつ、**明らかに私法とは異なる立場を租税法が採用する例**が出現しつつありますし、これからその必要性はおそらく大きくなると思います。たとえば、平成12(2000)年にはいわゆるSPC法などの改正にともなって、法人税法には『特定信託』という概念が採用され、私法上の法形式が信託であって**法人格がなくても法人税の納税義務を負う『なにか』**——組織というか、エンティティというか——

が認められるに至りました。平成19(2007)年改正で導入された「法人課税信託」というのは、このような考え方をさらに発展させたものです。大袈裟に言えば、法人税の納税義務の有無が、正面から私法上の法人格という装置に依存しなくなりつつあるということになりますね。また、会社法の立法以前から法人税法は商法・会社法とは異なる『法人税法上あるべき資本の額』に相当するものを決めるようになってきていましたが、この動きもこれから加速するでしょう。」

——自立したオンナを目指すのか。

——あなたの話だと租税法は男性だったり女性だったり、はっきりしないわね。

——いいのよ、その場の雰囲気だから。

「それから、今後の課題としては、そうですね、民法上の『組合』などが良い例になるでしょうかね。1億円持っているA子さんが、2億円ないとできないけど絶対もうかると思う投資先——ベンチャー企業か何か——をみつけてきて、あまり気乗りのしないB子さんに不足した1億円を出してもらって組合で投資をしようとしたとします。あなたが相談を受けたB子さんだったら、どういう条件を付けますか？」

——まず、もうけは2対1で私がたくさんもらうことにして、あと「絶対もうかる」っていうなら、損失が生じたときの内部負担は相手の全額負担であたしはゼロにしてもらいます。

——あなたらしい条件ね。

——ほっといてよ。

「それらの条件は、全部、民法上、可能ですか。」

——はい、利益の分配を受けない組合員は認められないとされて
　いますが、損失の内部負担の定め方は自由ですし、収益や損失
　の分配割合は特に定めがない場合に出資額に比例するとされて
　いるだけで、これも任意規定です。

「おっしゃる通りです。しかし、そのような投資組合を作って投
資を行なった場合、その課税関係がどうなるか——組合契約に従
った損益の分配は課税上そのまま認められるのか。たとえば、多
めに収益の分配を受けたり損失負担を回避したりした組合員が他
の組合員から『贈与』を受けたことにならないか、というような
こと——は、現行法ではまったく分からないのです。」

——そんな！　組合契約なんてずっと昔から民法にあったはずで
　すし、最近急に改正されて自由になんでもできるようになった、
　というものでもありませんよね。

「それもおっしゃる通りです。しかし、民法は組合を契約として
いて法人格を与えていないから、租税法においても『組合』とい
う組織というか団体というか、そういうものは認識できない。あ
るのは組合員と組合契約だけだ、というのがこれまでの租税法の
前提でした。その下で、損益の分配割合が一致し、かつ、持分に
比例しているということを暗黙の前提とした所得の計算方法が通
達で示されているに過ぎません。この通達は平成17(2006)年末に
改正されて、分配割合が経済合理性を有していない場合には組合
契約に定めた損益分配割合等の通りに課税するわけではないこと
が明らかにされましたが、所詮は通達に過ぎませんし、また、こ

れだけでは組合事業に関する課税上の扱いがははっきりしたとは、とうてい言えませんね。」

——税金がどうなるか分からないから、微妙な組合って作れなかったんじゃないですか。

「どうでしょうね。そういう複雑な組合を作る経済実体上の必要性があったかどうかは調べる必要がありますね。」

——組合契約だと民法上、財産のほかに労務出資も可能ですよね。こういうことについても租税法には規定がないのですか？　少なくとも授業では教えていただいていないと思います。

「労務出資に関しては、たとえば労務出資に対して組合財産の残余財産分配ができることは民法学の通説ですが、そういう残余財産分与が課税上どのように扱われるかがはっきりしない、などという問題点がありますね。

それで、これまでのことは、まあ、これまでとしても、今後、組合契約が、たとえば投資活動の最初の段階としてさかんに用いられるようになり、その形態が——皮肉なことに民法に『従って』——複雑化していくなら、もはや民法には手がかりはなく、**民法が決める必要性を感じなかった事がらについて租税法は『民法から離れて』定めを置いていかねばならないわけです。**泣いても叫んでも、民法の先生方は助けて下さらないでしょう。これが、今の租税法が行き着いてしまった場所を示す、ひとつの典型例だということができると思います。」

4 租税法を勉強するということ

——租税法だけ見てるとかえって分からないけど、結局、税制の
　せいで投資組合ひとつ安心して作れないってのが日本の現状な
　んですね。

「う～ん、その発言には反論しておく必要がありますね。

　私は、『租税法が諸悪の根源だ』なんてことは全然ないと思っ
ています。新聞の論調なんかを見ていると、日本では会社に元気
がないのも、女性の社会進出が進まないのも、法人が多いのも、
寄付が少ないのも、何もかも税制が悪いような気がしてくるでし
ょう。それで何でこんな制度なんだということばかりが気に障っ
てくる。」

——先生、授業の時の、あれ、面白かったですよ。ねえ。

「何です？」

——あっ、あの「郵便ポストが赤いのも、タヌキが山を走るのも、
　みんな税制が悪いのです」と謝っておけば、どこでも丸く収ま
　るって話ね。

「そう、他分野の人たちは、最後は税制を悪者にして溜飲を下げ
ておられればいいけれど、持ち込まれた方はたまったものではあ
りませんからね。時には、『租税法には租税法の理屈がある』ん
だと、

バンっ

と言い返す必要があります。」

――（ビクっ。）

――……（先生をじっと見ている）。

「問題は、その『言い返し方』です。授業では『租税』というものが私的取引にとって重要な要素となっていて、そのことのゆえに『悪者扱い』をされがちなことを色々とお話ししました。今日の話題を振り返ってみても、そういう、いわば私的取引の攪乱ファクターとしての租税が、あるときは『債権』として私法の考え方を受け入れ、あるときは私法に見放されて苦しみながらも、自分の制度目的の達成と私法とのつきあいという両方をうまくやる方法を模索してきたことがお分かりいただけると思います。もちろん、問題は今日の話や授業で取り上げた話題に限られません。税制は全体として膨大な制度から成り立っていて、極端に言えばそれぞれの制度が、直接向き合っているその他の社会制度との間で衝突を起こしているわけです。しかし、その衝突している**税制の個々の内容は、単純に『悪者』と決めつけられないような固有の論理と存在意義を持っている**はずのものなのです。

　他方で、そういう税制上の個々の制度の、またはいくつもの制度をまとめたときの、それらを支える論理や意義は『所得税はどうやって計算するか』をただ暗記しているだけでは分かりません。だから、ガイダンスの時にご説明したように、**大学の『租税法』は税金の計算ができるようになる科目ではない**のです。

　……税制や**租税を嫌って生きるのは、何より本人が不幸**ですよ、どうせ一生つきあうのですから。そう、日本の国がある限り、日本には税金があるでしょうね。」

──そりゃあ、きっと、ありますよ。

「令和2（2020）年度の予算における日本の国と地方の税収を老若男女、すべての国民に頭割りして1人1年間87万円の人頭税にすれば、ほかはどんな経済取引にも税金をかけずに済みますが、それで社会・経済を邪魔しない『悪者』ではない税制ができると思いますか？」

──それって、全然、公平な感じがしませんし、毎年、夫婦で174万円、4人家族でザッと350万円なんて、全部の家が払えるとは思えません。

──それに、そうしても国際取引の問題とか、少子化問題とかがやっぱり出てきますね、きっと。

「つまり、税金はなくならない。なくならない税金を集める法制度として、これまで膨大な人々の知恵が今の租税法には集約されていて、現在のそれは相当良く出来た制度だと考えてもよい、ということではないでしょうか。だから、まず、**税制を形作っている個々の制度がどのような論理にもとづいているか**──時に不幸にして何の論理もないか──**ということを理解し**、そして、『**ここを、こう解釈すれば、または、こう手直しすれば、それだけ税制は良くなる**』ということを考えるのが、少なくとも、法学部や法科大学院で教えられるべき『租税法』という授業科目だと、私は思います。期末試験でも、そういうことがよく分かっているかどうかが分かるような、そういう『問題』を出すつもりです。」

──それって、特大のヒントですね。

──やった〜。でも、それってどういう「問題」なのかな……。

「身の回りのことで、ワンポイントで物事がずっと良くなりそうな——本当に良くなるかどうかは分からないけど——というような例としてはどのようなものを思いつきますか？」

——今年の夏に評判だったのに、「目もとのメイクで夏美人になる」というのがありました。そういうことが今さら必要なさそうな同級生を約１名知ってますけど。

——あと、「深呼吸ダイエットで無理なく５キロやせる」とか。これはやってみてもできませんでした。

「ははは、必ずしも本当とも限らなさそうなところが、例としてはピッタリですね。私が授業で言っていたのは、一方で相当良くできているとはいえ、完全というにはほど遠い以上、税制という法制度にもそうやって手直しできるところがいっぱいあるから、中身をよく知った上でひとつひとつ考えよう、ということですよ。」

——分かりました。なんか、すっごくヤル気がわいてきました。

——期末試験の勉強も頑張ります。今日は本当にありがとうございました。

【考えてみよう】

(1) 国税通則法122条は国税と国に対する金銭債権との相殺を原則的に禁止しており、同法57条は逆に、税務署長等が納税者に税金を払い戻す「還付金等」がある場合に、その納税者が国税を納付すべきこととなっているならば、還付金を国税に「充当」することを税務署長等に義務づけている。後者はいわば、還付金と国税との相殺を

義務づける規定である。これは本文で触れた杉村説のような考え方にもとづくものにも見えるが、ほかにこの制度をうまく説明することはできないだろうか。

(2)　所得税の納税者Aが扶養しているBについて「配偶者控除」の、また、Cについて「扶養控除」の適用を受けるためには、それぞれBがAの配偶者であること、または、CがAの親族（配偶者を除く。）であることが要件の中に含まれている（所得税法2条1項33号、33号の2、34号、34号の2、83条、84条）。PがQとRを実際に扶養しているが、PとQとは内縁関係であり、また、RがQの連れ子であってPとの間に養子縁組をしていないという場合に、PはQやRについて配偶者控除や扶養控除を受けられると解すべきだろうか、それとも、受けられないと解すべきだろうか。それぞれの論拠を考えてみよう。

（「解答のてびき」は290頁）

【気になったときのために】

(1)　租税法律関係について
　　　・金子・27頁～30頁

(2)　租税債権と私債権の調整について
　　　・金子・1016頁～1029頁

(3)　租税法と私法について
　　　・岡村ほか・29頁～38頁
　　　・増井・48頁～51頁

(4)　利子所得の意義について
　　　・佐藤・59頁～62頁、67頁～69頁
　　　・ケースブック§221.01

期末試験を終えて
～租税法の歴史を知ろう～

ここで学ぶこと
- ・日本の戦後の租税法にはどのような節目があったのか
- ・日本の租税法はどのように変化してきたのか

....

戦後税制史の節目はどこだ？

──来し方の税制を振り返って──

　　前期の期末試験が終わったので、今日は、友達といつもの先輩と３人で打ち上げの飲み会です。「ちょっと用事がある」という友達と待ち合わせたカフェに先輩と一緒に来ています。先に４人がけのボックス席を確保して「租税法」の期末試験問題用紙を出していると、先輩が、２人分の飲み物を載せたトレーを持って来てくれました。

「よいしょっ。はい、キミの分はこれっ、と。」

──ありがとうございます。あ、こっちにどうぞ。

「えっ？　あ、うん。それで、『租税法』の期末試験がなんだって？」

1　戦後日本税制の節目

──はい、１問目はわりあい単純な事例問題で、２問目は(1)と(2)のどちらかを選ぶ選択問題でした。わたしは(1)を選んだんですけど……、見て下さい。

「租税法」期末試験問題　第2問
　以下の(1)(2)のどちらか一方を選んで解答せよ。
(1)　第二次世界大戦以後20世紀の終わりまでの日本の税制におけ
る重要な節目を複数挙げ、それがどのように重要な節目であるの
かを説明せよ。

「ふ～ん、あの先生らしい……試験で落とすつもりはないけれど、
ちゃんと答案を書こうとすると、かなり大変な問題だ。それに、
所得税・法人税・相続税、というように個別の税目に分けた勉強
しかしていない人には、手ごわいだろうね。で、キミはなにを節
目にあげたの？」

——昭和25(1950)年の「シャウプ税制」、昭和28(1953)年・29
　(1954)年の税制改正、それに、昭和62(1987)年・63(1988)年の
　「抜本的税制改革」の3つです。

「いいんじゃない？」

——でも、昭和28年・29年から昭和62年・63年まで30年以上も開
　いているので、何か見落としたのではないかと不安になってし
　まって。

「う～ん、たしかにそう言われればそうだけど、この間に『節
目』と呼べるほどの改革があったかと言われると、微妙だな。た
とえば、昭和39(1964)年に、日本はIMFやOECDとの関係で、い
わゆる**開放経済体制**に移行した。平たく言うと、外国との間で、
商品やサービスの取引や資本の移動を自由に行なえるようにした
ということだ。これに関連して、支払配当の一部を法人所得から
控除する方式を採用したり、従来の輸入所得非課税の特別措置を

廃止したりということがあったのはたしかだ。だけど、特別措置なんかは一部が後でこっそり復活したりしているし、支払配当の扱いも結局元通りに戻ってしまったし、『重要な節目』とまでは言えないような気がする。」

——**土地税制**の発足はどうでしょうか。

「昭和44(1969)年だね。」

——はい。地価高騰に対応するために、長期保有土地の譲渡所得は軽く課税し、短期保有土地の譲渡所得は重く課税する税制が始まったのがこの年です。

「土地税制は基本的にこの枠組みを維持しながら、昭和48(1973)年の特別土地保有税の創設——これは地方税だ——平成3(1991)年の地価税の創設——こっちは国税だね——と土地の保有コストを引き上げる施策がなされたり、長期保有を含めて土地の保有から得られる利益を削減するために土地の譲渡益に一律に重く課税したりした——これも平成3年の改正だ。しかし、その後、バブル経済の崩壊で地価が下落したため、役割がガラッと変わって、税制で土地の円滑な取引を後押しするようになっていく。そういう一連の流れは重要だと思うけれど、昭和44年だけ取り出すと、シャウプ税制や抜本的税制改革と比べられるような大きな改革とは言えないだろう。」

——じゃあ、わたしが書いた3点で大丈夫ですね。

「もし、付け加えるとすれば、シャウプ税制よりも前、**昭和22(1947)年の税制改正**で、所得税、法人税、相続税などに申告納税制度が導入されたこと。所得税がほぼ包括的所得概念にもとづく

総合累進課税に衣替えするとともに、日本国憲法下で戦前の『家制度』が廃止されたのに対応して『個人ごとに課税する』個人単位主義の所得税になったこと、の方が重要なんじゃないかな。」

——あ、やっぱり昭和22年改正もあげた方が良かったですね。わたしは落としてしまいました。

「総合判断の採点だろうから、書かなければ減点、ということではないと思うよ。それよりキミは、『**シャウプ税制**』についてはどういうことを書いたんだい？」

2　シャウプ税制

——これはきちんと書こうとするととても盛りだくさんな項目なのですけれど、やはり、「青色申告制度の創設」とか「所得税の最高税率の引下げ」とか、関係する項目をできるだけ多く書くのがいいのでしょうか？

「たぶん、違うね。個々の項目を細々（こまごま）とあげるよりも、シャウプ税制が目指した重要な目標を指摘して、それとの関連で個別の項目にちょっとずつ触れてほしいというのが、出題意図じゃないかな。少なくとも、改正項目をずらっと並べただけで、点をくれるヒトじゃないよ。」

「ブーーッ。」（……ガタガタッ、ガタ……。）
　　後ろの席で誰かが飲み物を吹き出したような音に続いて、急いでテーブルの上を拭いているようなあわてた雰囲気が伝わってきます。観葉植物で区切られているのでよく見えませんが、赤い野球帽の学生のようです。

——そうすると、たしか教科書には、「①公平な租税制度の確立、②租税行政の改善、③地方財政の強化」の３点があがっていましたから、これに沿って書くことになりますね。

「うん、特に①の『公平な租税制度の確立』が、授業の内容と関わりが深いだろうね。」

——では、納税者が税の存在を意識しやすい**直接税中心主義**、とりわけ、所得税を重視して総合累進所得税を推進したこと、などが論点ですね。関連して、譲渡所得について、プラスの所得には全部課税し、マイナス、つまり損失は全部控除できるという制度を作りました。それから、法人を個人の集まりと考える**法人擬制説**にもとづき、法人税を個人所得税の前取りと構成して、所得税と法人税の調整を考えた点も重要だと思います。

「今、キミが指摘した点に加えて、その後廃止されてしまったので思い出しにくいけれど、所得税を補う財産税である『富裕税』の創設、も重要な項目だろう。それから、所得税の最高税率を引き下げるとともに相続税と贈与税を累積的取得税に統合して最高税率を90％に引き上げた点も、ねらいは同じだ。働く人の意欲を害さないように所得税率を引き下げた代わりに、財産税や取得税で富の集中を防ぐことを考えたってこと。」

——税制改正の項目が相互に結びついている点がポイントですね。そのことは何とか書けたような気がします。あ、でも、「相続税」の最高税率が90％、と書いたかも……。

「マイナス１点ってところだろう。」

——②の租税行政の改善については、何と言っても**青色申告制**

度の創設が重要です。きちんと帳簿をつけて申告することを約
束した納税者に、税負担が軽くなる実体上の恩典や、帳簿を調
査せずに申告を否定される課税処分がなされないことを保証し、
課税処分をするときには必ず理由を附記しなければならないと
するなどの手続上の恩典を与えて、申告納税制度の健全な定着
を図った、というようなことを書きました。

「完答だね。現在では、法人の約99.5％は青色申告をしている。
個人事業主などで青色申告をしている人の割合は５割強というと
ころだけれど、制度としては定着したと見られるわけで、まった
くすごいことを考えついたと思うよ。で、最後、③の地方財政の
強化については？」

——地方税についてはあまり授業で扱わなかったので、抽象的で
すが、国と都道府県と市町村が、同じ所得とかに何重にも課税
する制度を変えて、国と地方で１つの財源を分け合うことを止
めさせたとか、付加価値税を作って地方税にしようとしたとか、
ですね。

「地方の財政不足を補うための制度を改めて、地方平衡交付金制
度を創設したということまでは、書かなくても大丈夫だと思う
な。」

3 シャウプ税制の変容

——このようなシャウプ税制は、その後なし崩しに変えられてい
くわけですが、そのきっかけというか、始まりというか、そう
いう節目にあたるのが昭和28（1953）年の税制改正です。

「昭和27(1952)年４月28日に、いわゆるサンフランシスコ平和条約が発効して、俗に言うように『日本の独立が回復』する。そこでこの年の秋から始まる国会では、シャウプ税制を離れた、日本の『自前の税制』へと舵を切る法案を審議することになった。そういう意味で、地味だけど重要な税制改正だと、オレも習った記憶がある。」

——へへ、実は昭和27年秋の国会は翌年の３月に衆議院の解散で終わってしまったので、実際に改正法が立法されたのは次の国会、昭和28年の夏なのですけどね。昭和28年３月のこの解散がいわゆる「バカヤロー解散」です。吉田茂首相が「ばかやろう」とつぶやいたのがきっかけで内閣不信任案が可決されて衆議院が解散されたという。

　「お、さすがに詳しいな、鬼の……」

——（あわてて）違います！　ここのところは、先生が授業で何度も触れておられたので、ヤマをかけていましたから。

　「なるほど、これを抜かすと大減点間違いなし、か。」

　　　「ガタン、ゴトン！」
　　　後ろで人が椅子から転げ落ちてテーブルの脚か何かにぶつかったようです。一人客のようなのに、騒がしいことです。

——で、指摘すべきことは、第１に、**理論的過ぎて執行が困難とされた制度を廃止**したことで、富裕税の廃止と、累積的取得税を廃止して相続税と贈与税にしたことの２つがこれにあたりま

す。地方税の付加価値税の廃止は翌年ですが、一緒に書いてお
きました。
「累積的取得税は、平成15（2003）年に、『相続税・贈与税の一体
化措置』とされた**相続時精算課税制度**として『復活』する。まあ、
中身は似て非なるものだけど。それから、付加価値税も、同じく
平成15年に事業税の**外形標準課税**として地方税に再登場するわけ
だ。」
──でもそうなると、富裕税だけは、廃止されてそのまま、とい
うことになりますね。
　それはともかく、昭和28年改正の第2のポイントは、課税の
公平よりも資本の蓄積などの政策目的を重視する方向に税制を
変えたことです。この後、**租税特別措置**がどんどん増えていっ
て税制の不公平さが意識されるようになる初めの改正となった
わけですが、具体的にはこの改正で、**有価証券の譲渡益が非課
税**とされたこと、一部の**預金利子について低率の分離課税**が導
入されたこと、所得税の最高税率をシャウプ税制の55％から65
％へと引き上げ、相続税・贈与税の最高税率を70％に引き下げ
たこと、などがあげられます。法人税にも対応する改正がなさ
れ、さらに租税特別措置が導入されました。
「結局、シャウプ税制は日本に根付かなかったということになる
のかな。」
──その点ですけど、試験勉強のために図書館から借りたこの本
には、当時の渡辺大蔵省主税局長が、昭和28年8月の新聞にこ
う書いていたと紹介されています。

> シャウプ勧告「によってできた税制自体が大きく揺り動かされる原因は、シャウプ勧告とこれを受容れた日本国民なり、日本経済とのギャップに求むべきであろう。」
>
> （渡辺喜久造「国情に適した税制へ」『日本経済新聞』昭和28年8月19日。大蔵省財政史室編『昭和財政史－昭和27～48年度(6)租税』8頁から引用）

「当時の日本の実情に合わなかったということか……。まあいい、そこで、気にせず一気に30年以上の時間を飛ばして、最後の項目に行こう。」

4　昭和末期の抜本的税制改革

——昭和62(1987)年、63(1988)年のいわゆる抜本的税制改革は、第1に、昭和28年以来溜まってきた税制の不公平を解消することを目的としました。まず、利子所得については分離課税ばかりか昭和38(1963)年に始まって拡大してきた非課税貯蓄制度、いわゆる**「マル優」などを廃止**しましたが、総合課税というところまでは行かずに、**一律源泉分離課税制度**を導入するにとどまります。次に、**有価証券譲渡益**については、従来の原則非課税という点を改めました。実に35年間にわたって、株式などの有価証券の譲渡所得は、原則として非課税だったわけですね。ただし、これも総合課税はできずに、分離課税にとどまりました。この制度は、その後の改正で少し合理化されています。第2に、所得税は、最高税率が70％や75％などと非常に高く、さらに最大で19段階もあって小刻みに税率が上がって行く累進税

率となっていましたが、これを５段階の簡素な刻みとし最高税率を50％に引き下げました。これらはいわば「シャウプに戻る」方向性です。日本社会の実情が、ようやくシャウプ勧告に追いついたと言ってよいのでしょうか？

「そのスローガンには、後半部分があるね。」

──はい、この改革はスローガンとしては、「シャウプに戻り、シャウプを超える」と言われました。シャウプ税制を超えたのは、消費税を導入した点です。シャウプ税制は直接税中心主義でしたが、昭和の終わりころの日本の財政を考えると、福祉のための歳出などが膨大となるため、とても所得税などの直接税だけでは歳入が足りません。そこで、大きな税収をあげることができる消費税をこの時期に導入したのです。それから31年たって、令和２（2020）年度予算では、国税の中で消費税がもっとも多くの税収をあげる税目となっています。

「消費税がなぜ、現行制度のような内容の制度となったのかも興味深いけど、そこまで書くのは時間的にも無理だろうな。でも、所得税の方から論じるというのは、キミらしくて良いと思うよ。『抜本的税制改革の目玉は消費税の導入でした。終わり！』みたいな答案だと、先生がアタマを抱えそうだ。」

　　後ろの席で「バッ」と人が勢いよく立ち上がったかと思うと、次の瞬間にはこちらのテーブルの横に仁王立ちした人影から大声が降って来ていました。見慣れない赤い野球帽に大きなサングラスですが、声はまぎれもなくいつもの友達です。

——なによ、なによ、なによ。さっきから聞いていたらヒトの答案に次から次へとケチをつけて。どうせアタシは、シャウプ税制について目的も書かずにあれこれと制度を列挙した後で、昭和時代末の抜本的税制改革では消費税の導入が重要でした、と書きましたよ。それに、シャウプ税制の後の税制改正がヤマだったら、教えてくれたってイイじゃない。だいたい、ヒトがせっかく気を使って2人きりにしてあげたのに、なんでまた「租税法」の答案の話なんかしてるのよ。こういうときは、2人でピッタリ並んで座って、「セ〜ンパ〜イ」とか可愛い声を出したりするもんでしょ。まったく、後ろで聞いてたって、面白くもなんともない……、って、4人がけのボックス席でぴったり並んで座っているところだけは、予想通りか。

——し、試験問題を、一緒に見てもらうのに、つ、つ、都合が良かっただけよ。

（——読み上げたってかまわないくらい、問題文が短いわよ。）

【考えてみよう】

(1)　シャウプ勧告は、間接税よりも直接税を重視し、直接税の中でも所得税と法人税を中心とすべきであるとしつつ、さらに所得税について包括的所得概念にもとづく制度を提案した。勧告がそのように考えた理由を考えてみよう。

(2)　期末試験第2問の(2)は、以下の通り。とりあえず、記憶にある税制改革の中から、「重要だ」と思うものをあげてみよう。

(2) 21世紀に行なわれた日本の税制改革で重要と思うものを複数
挙げ、それがどのように重要な改革であるかを説明せよ。

（「解答のてびき」は291頁）

【気になったときのために】

(1)　わが国の租税法の歴史について

　　・金子・42頁〜77頁

　　・増井・24頁〜34頁

【解答のてびき】
【プロローグ】

(1) もし、信義則の適用を認めず、法律の正しい解釈にもとづいて新たに課税できるとするならば、この納税者がわざわざ税務署に質問までして確保しようとした予測可能性は大きく害されることになる。しかし、反対に、信義則を適用してこの納税者に新たな課税ができないとするならば、同じ取引をするのに税務署に質問せずに自分で考えて課税されるという結論に達し、納税した納税者との間で不公平が生じてしまう。このように、租税負担の公平と予測可能性の確保とが両立しない場合には、どのような状況の下で、どちらを優先させるかという難問が生じる。この点については、租税法の解釈や租税回避の否認など、具体的な場面を取り上げて、本書でも検討する。

なお、租税法における信義則の適用の問題は「租税法」の授業で必ず取り上げられる重要な論点なので、今、ここで深くこだわる必要はない。どうしても、今、知りたい人は、**金子・143頁〜148頁**、**谷口・82頁〜85頁**、**判例百選17番事件**、**演習ノート第21問**等を勉強するとよい。

(2) 計算した結果は、それぞれ、①2,220万4,000円、②1,840万8,000円、③1,365万6,000円、④1,946万8,000円となる。

①②③を比べると、合計の所得額が6,000万円であっても、複数の納税者で所得を分割すると、合計の税額が減少することが分かる。①だと高い税率が適用される部分が、②③だと他の納税者の低い税率が適用される部分に移動した結果となるからである。

また、②と④とを比べると、所得を分割する場合には、できるだけ均等に分割した方が、より少ない合計税額となることが分かる。

このように、累進税率の下では、課税標準（所得額など）を分割

すると合計税額が減少し、その減少額は均等に分割された時に最大となる。このことは、個人事業主などが家族間で所得を分割することに対処する規定（所得税法56条）や、相続税における法定相続分課税方式の理由として重要であるから、ここで理解しておいて損はない。なお、所得税法56条についてさらに勉強したい場合は、**佐藤・223頁～228頁とケースブック§234.04**を、法定相続分課税方式についてさらに勉強したい場合は、**浅妻＝酒井・163頁～167頁とケースブック§411.01**を参照すると良い。

【第1講】

(1) まず、「結婚すること」が合理的に担税力の存在を推測させる事実かどうかが検討される必要がある。しかしこの点については、新たな生活を始めるにあたって新居を借りたり家具を揃えたりというような取引をすることが一般的であり、そこに一定の担税力を見出すことも不可能ではないと言われるかも知れない。

　そこで、さらにこのような税が人の行動にどのような影響を与えるかを考えると、税額にもよるが、「結婚」に課税されることになると、一部の人々は正式に結婚することを避けて事実上の婚姻状態を選ぶことが考えられる。この点については、国家が一方で正式な「結婚」という制度を用意しながら、その利用を避けさせるような税制を作ることが適切であるかが検討される必要がある。また、納税者が容易に避けることができる租税の合理性も考えなければならない。

　さらに、もしも結婚税の税額が非常に高額で経済力のないカップルが正式な結婚をすることを阻害するような状況であれば、憲法14条、24条等に違反する恐れも生じるように思われる。

(2) 担税力のほかに、公的サービス等から納税者が得ている一定の利

益（これを受益という）に着目した課税も、合理的なものであると考えられる。たとえば、事業を行なう個人および法人は、警察、消防、保健衛生、道路、上下水道・ゴミ処理サービスなど、地方団体が提供する社会的インフラやサービスを利用して事業を営んでおり、このようなサービス等から受益している。そこで、この受益の事実に着目して都道府県は、個人事業者および法人事業者に、「事業税」という税を課税している。

受益の事実に着目して行なう課税は応益課税と呼ばれる。応益課税の考え方は、わが国では地方税の分野で多く用いられている。この点については第5講（138頁）も参照のこと。

【第2講】

(1) この規定は、一見、所得税の課税対象を明確に法律で定めているように見える。しかし、税額を決定するのに重要な「所得金額」の計算方法の決定をすべて政令に委任しており、どのように「所得金額」を定めるべきかということをまったく決めていない。したがって、この委任は「白地的、概括的」な委任であって、課税要件法定主義違反、つまり、憲法84条の定める租税法律主義に違反するものと判断されよう。

なお、現行所得税法68条は「各種所得の範囲及びその金額の計算の細目」と題して、「この節に定めるもののほか、各種所得の範囲及び各種所得の金額の計算に関し必要な事項は、政令で定める。」と規定している。やや高度だが、この規定の合憲性についても、検討してみると面白い。法人税法における同様の定めに関する、大阪地判平成21年1月30日（判タ1298号140頁。その控訴審、大阪高判平成21年10月16日判タ1319号79頁）が参考になる。

(2) まず、「炭化水素とその他の物との混合物」という場合、日本語

の自然な意味として、炭化水素がどの程度含まれている必要があると考えられるだろうか。次の例で考えてみよう。

①「混ぜご飯」を「白米とその他の物との混合物」と定義した場合、白米が４分の１で、ひじき、ニンジン、油揚げなどの具が４分の３を占めるものは、この「混ぜご飯」にあたるといえるか。

②「ウイスキーカクテル」を「ウイスキーとその他の物との混合物」と定義した場合、ウイスキーが４分の１で、ジュースや炭酸水などが４分の３を占めるものは、この「カクテル」にあたるといえるか。

③かき氷を「氷とその他の物との混合物」と定義した場合、氷が４分の１で、白玉団子とあんことシロップが４分の３を占めるものは、この「かき氷」にあたるといえるか。

①の混ぜご飯の場合は「あたらない」、②のカクテルの場合は「あたる」という感覚の人が多いのではないだろうか（筆者は、カクテルの場合は、ウイスキーが全体の10分の１でも、この定義にあたるような気がする）。これに対して、③のかき氷の場合は、意見が分かれるように思われる。もしこの感覚が共有されているなら、本件規定における「日本語の自然な意味」には、かなり幅があることになる。

次に、自動車の内燃機関の燃料とされるものについては、等しく税負担を求めるという立場からは、軽油と同様に燃料となるものには軽油引取税を課税するのが公平だ、と考えるべきことは間違いない。

カクテルの例で見たように、本問で問題となっている規定の文言は、本文にあった「現に所有する」という文言や、ホステス報酬事件で問題となった「期間」という文言よりは、柔軟な解釈（炭化水素の割合がある程度低くてもこれにあたる、という解釈）を許す余地が

あると考えるならば、公平の観点を重視して、新製品にも軽油引取税が課税されると考える余地があるだろう。

　この問題は、ガイアックス事件（最判平成18年6月19日判時1940号120頁）を下敷きにしているので、さらに勉強する場合には、この判決を参照すると良い。

【第3講】

(1)　税理士などの専門家に相談する。

　「こんな解答があるか」と怒ってはいけない。シャウプ勧告から引用しておこう。

　「能率的な租税制度は、税務当局に対して納税者を代理する資格のある専門家の存在を必要とする。このような代理は、個人納税者に、その個々の事件において、税務行政上の誤謬に対し必要な保護を与えるものである。」（原文は旧漢字）

　（『戦後地方行財政資料別巻一　シャウプ使節団日本税制報告書』第二次日本税制報告書72頁）

(2)　課税の基礎となる事実（相続税で言えばどのような遺産があり、どういう相続人がいるか。また、所得税で言えばどのような収入と支出があり、どういう家族構成か、などの事実。）を最もよく知っているのは納税者自身だから、その納税者に申告させることで正確な課税ができるし、また、課税庁がいちいち調べるよりも執行コストが安く済むという利点がある。

　しかし、この制度がうまく機能するためには、社会において多くの納税者が申告義務を正確に果たさないといけないという意識を共有していること、および、申告した正直な納税者が不利にならないように義務の履行を確保する税務行政制度や、義務違反に対する実効的な制裁措置などの制度的な手当てが必要とされる。

【第4講】

(1)　支払った罰金が所得計算上控除できない場合には、1,000の所得に対して400の所得税または法人税を支払うことになる。そのほかに罰金を200支払っているから、手もとには400の現金が残る。

　　これに対して、支払った罰金を所得計算上控除できる場合には、課税所得が800になるため、税金は320であり、手もとには480の現金が残ることになる。つまり、200支払ったはずの罰金はその40％にあたる80の分だけ税金を減らす効果がある。これは金銭的制裁によって対象者に痛みを与えるという罰金に期待されている働きを弱めることになるし、違う言い方をすれば200の罰金のうち80は国が負担しているとも言いうる状態であって、制度趣旨からしても望ましいとは言えないであろう。

(2)　ここでは単純に、A、B、Cに適用される税率がすべて50％であるとして考えてみよう。

　　まず、Aは100の配当をするためには200の所得を稼いでいるはずである。

　　　Aの所得＝200　　　Aの法人税　　＝100
　　　　　　　　　　　　株主への配当＝100

　　Bがこの株主への配当100を受け取った場合に、普通の所得として扱うと、

　　　Bが受け取った配当＝100　　　Bの所得税　　　　　＝50
　　　　　　　　　　　　　　　　Bの手取り（税引後所得）＝50

　　となり、ここでAとBとを合わせてみると、結局、Aの200の所得のうち、法人税と所得税が合わせて150、Bの税引後所得が50となっている。これは過大な税負担ではないのか、という問題意識が生じるであろう。

　　また、法人Cがこの配当を受け取ると、

Cが受け取った配当＝100　　　Cの法人税　　　＝50

　　　　　　　　　　　　　　　　　Cの税引後所得＝50

とAの場合と同じであるが、かりにCがこの税引後所得を自分の法人株主Dに配当すると、

　　　Dが受け取った配当＝50　　　Dの法人税　　　＝25

　　　　　　　　　　　　　　　　　Dの税引後所得＝25

となり、ここから分かるように、もし、法人株主がこの後もE、F、G……と連鎖していれば、結局、Aが最初に稼いだ法人所得のほとんど全部が法人税として支払われることになり、これも不合理に思える。

　ここでの説明は、法人が支払う法人税がその株主によって負担されるという暗黙の前提の下に成り立っているので、現実の制度はこれほど単純ではありえないが、このような視点も個人の所得と法人の所得への課税を考える際には興味深いものである。なお、この問題についてさらに勉強したい場合には、**佐藤**・76頁〜78頁、**増井**・186頁〜193頁などを手がかりにすると良い。

【第5講】

(1)　各地方公共団体がどのような税金を課すかを自由に定められるとすると、地域の実情に応じ、その地域の住民の意思を反映させた税制を作ることができるというメリットがある。その反面で、一部の富裕な住民に税負担を押しつけたり、その地方団体を通行する他の自治体の住民に重い課税をしたりするような不合理な税制が生じるおそれや、逆に、富裕な個人や事業を行なう法人を引きつけるために税の引下げ競争が起こったりするおそれもある。さらに、小さな自治体だと専門技術的な税条例の条文を正確に作る能力が不足することも懸念される。

現在、地方自治体は、地方税法に内容が定められていない法定外税であっても、総務大臣と協議し、その同意が得られれば自由に作ることができる。そして、総務大臣は、以下の３つのいずれかの場合にあたらない限り、新しい税金を作ることに同意しなければならないこととされている（地方税法259条、261条、669条、671条）。同意しない条件というのは、①「国税又は他の地方税と課税標準を同じくし、かつ、住民の負担が著しく過重となること」、②「地方団体間における物の流通に重大な障害を与えること」、③上記①②のほかに「国の経済施策に照らして適当でないこと」の３つである。この①〜③のような考慮要素も、自治体にまったく自由に税金を作らせることが適当ではない理由と考えられるであろう。

(2)　税額控除法は、国内で得た所得と国外で得た所得とを公平に扱うことができ、その結果、事業などを国内で行なうか外国で行なうかということについて中立的な税制を作るのに適している。これに対して、国外所得免除法は、自分の国の個人や法人が外国で事業などを行なうときに、その外国の個人や法人と同じ条件で競争することができるということについて中立的な税制を作るのに適している。

【第６講】

(1)　この例では、５年間を通して見たときの収入金額、必要経費、所得額、税額の合計額は、原則的な場合であっても特別措置を使う場合であっても違いはない。しかし、特別措置を利用する場合には、最初の年に税額が80万円減っており、その分、４年目と５年目の税額が40万円ずつ増えている。このことから、この特別措置の効果は、１年目に国が納税者に80万円貸し、４年目と５年目に40万円ずつ返してもらったのと同じだと考えることができる。しかも、この「お金の貸し借り」は無利子でなされていることに注意が必要である。

すなわち、このような特別償却の制度は、一定期間、国が納税者に無利子の融資をするのと同じ経済的効果を持つのである（この点について、進んだ検討をしたい場合には、**ケースブック**435頁のコラム「課税繰延と収益非課税」を読むと良い）。

さらに、投下資本の回収という点では、特別措置を使う場合にはソフト代の1,000万円を３年目の終わりには回収することができるので、この時点で新しいソフトを買い入れるというインセンティブを納税者に与えることも期待できる。

もっとも、実際の所得税については累進税率の適用があったり、収入金額が一定でなかったりするので、この例の通りに物事が運ぶという保障はない。

(2) たとえば、平成28年に行なわれた取引について平成30年に課税関係が問題となったとする。かりに、平成29年中に、納税者に不利な法改正がなされたとすると、平成28年中に取引を行なった人は、当然、平成28年当時の納税者に有利な法律が適用されると考えるはずである。それなのに、もし、平成30年の法律が適用されるならば、取引の時には存在しなかった法律によって不利な扱いがなされ、その分、納める税額が増えることになる。これは、納税者の予測可能性を著しく害することになって適当ではないと言えるだろう。この点については、第２講の遡及立法の制限（68頁〜69頁）の議論を思い出してほしい。

それだけではなく、平成28年に取引を行なって無事、課税関係が終了した納税者には平成28年の法律が適用され、税務調査等が行なわれて課税関係が後に問題となった納税者については平成30年の法律が適用されるというのは、公平の観点からも大きな問題が生じることになる。やはり後に争いが生じた場合には、それぞれの取引が行なわれた年の法律を適用するほかはなく、そのために分厚い税法

六法を何年分も保存しておくことは仕方ないことのようである。

　なお、租税法の研究者は、いずれにしても、毎年の税法六法を捨てることなく本棚に並べていく習性を持っていることが多い。

【第7講】

(1)　株式に対する配当や株式を譲渡したときに得られる譲渡所得など、株式に関連する所得にかかる税率を20％（この割合は配当所得については申告不要の少額な配当にかかる源泉徴収税率である。）として銀行預金の利子などにかかる15％の税率よりも高くしていたことについては、預金を保有する所得層と株式を保有する所得層とを比較したときに、株式を保有する所得層の方が高額の所得を得ていると想定し、その人達には利子だけを得ている所得層の人々よりも大きな税負担を負うことを求めるという観点から、両者の税率の差異を説明することが可能である。

　これに対して、原則として株式に関連する所得も銀行預金の利子等の所得も同じ税率で課税するとした場合には、株式も預金も金融商品として同じに扱うべきだという考慮が働いていることになる。

　この点については、**佐藤**・82頁、152頁も参考になる。

(2)　問題文のような税制だと、まず、贈与を受ける人（たとえば自分の孫）を外国に住まわせて（たとえば外国の大学に留学させる。）、次に日本に持っている資産を外国の資産に変え（たとえば日本の銀行預金をおろして外国に本社がある会社の株式を購入する。）、その資産を贈与すれば、日本の贈与税はかからない（ただし、孫が住んでいる外国で孫に多額の贈与税がかかったのでは元も子もないので、充分な注意が必要である）。

　当時の税制の下で、このような考え方を使って実際に約1,157億円の贈与税を回避しようとしたのが、**判例百選**14番事件の武富士事

件（最判平成23年2月18日判時2111号3頁、**ケースブック**§162.01）である。この事案では、納税者Xの両親が、夫婦で100％の出資口を保有するオランダ法人に、日本の内国法人である武富士の株式約1,570万株（これは相続税法上の国内財産にあたる。）を譲渡した後、そのオランダ法人の出資口（これは国外財産にあたる。）を子であるXに贈与したところ、贈与時を含む約3年半の期間、Xは、租税回避の目的で香港（すなわち国外）に生活の本拠を構えていた、とされている。最高裁は、客観的に生活の本拠が香港にある以上、Xの住所は香港にあり、日本にはないから、（国外財産を日本に住所を有しない者に贈与したことになるため）この贈与について日本の贈与税を課税できないと判断した。本判決の法廷意見には、次のような判示が含まれている。

　「贈与税回避を可能にする状況を整えるためにあえて国外に長期の滞在をするという行為が課税実務上想定されていなかった事態であり、このような方法による贈与税回避を容認することが適当でないというのであれば、法の解釈では限界があるので、そのような事態に対応できるような立法によって対処すべきものである。」

　また、本判決に裁判長として関わった須藤正彦裁判官は、補足意見の中で、次のように述べている。現在の最高裁の立場をよく表すものであるので、少し長いが引用しておこう。

　「〔一般の贈与なら課税されるのに本件の租税回避スキームを用いれば課税されないというのは、〕親子間での財産支配の無償の移転という意味において両者で実質的に有意な差異がないと思われることに照らすと、著しい不公平感は免れない。……しかし、そうであるからといって、個別否認規定がないにもかかわらず、この租税回避スキームを否認することには、やはり大きな困難を覚えざるを得ない。……租税法律主義の下で課税要件は明確なものでなければならず、

これを規定する条文は厳格な解釈が要求されるのである。明確な根拠が認められないのに、安易に拡張解釈、類推解釈、権利濫用法理の適用などの特別の法解釈や特別の事実認定を行って、租税回避の否認をして課税することは許されないというべきである。……裁判所としては、立法の領域にまで踏み込むことはできない。……結局、租税法律主義という憲法上の要請の下、法廷意見の結論は、一般的な法感情の観点からは少なからざる違和感も生じないではないけれども、やむを得ないところである。」

　他方で、このような租税回避行為に対しては、贈与をする人の住所地や贈与を受ける人の国籍などに着目した制度を作ることが考えられる。たとえば、日本に住所を有する人が日本国籍がある人に対して贈与を行なう場合には、贈与される財産の所在地にかかわらず、日本の贈与税を課税する、というような制度がその例である。現行法について気になる人は、**ケースブック**§412.01を勉強すると良い。

　なお、どこの国でも租税回避を野放しにすることは考え難く、ちょっと考えると良いアイディアと思われることがあっても、最終的に租税回避を成功させることは非常に困難である。それどころか、租税回避をしようとしないときよりも多額の税負担が発生することすらある。「生兵法は大怪我のもと」と心に刻んでおこう。

【第8講】

(1)　本文で駄菓子屋のオジサンが負担する相続税について説明した箇所を見れば明らかなように、もともと相続や贈与によって個人が財産を得れば、その分だけ何らかの「収入」があったことになり、それは所得税の対象となる所得になる（現行法の下では一時所得になる。）はずである。所得税法9条1項16号は、このことを前提として、相続や贈与によって得られた資産を別の税の仕組み（相続税や贈与

税）の対象としていることとの関係で、代わりに所得税の対象から除いているのである。

(2)　問題文の事情は、本文の【図1】と同様に、下のような【図1′】で表すことができる。

【図1′】

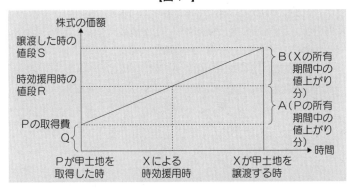

　問題文に引用した下級審判決によると、Xが甲土地を譲渡するときに譲渡所得として課税されるのは、図のB（S-R）の部分のみである。Xは甲土地を時効取得した時に時効援用時の時価、すなわち「A+Q」について一時所得として課税されているが、これは相続や贈与による取得の場合と比較すれば分かるように、Aに対する譲渡所得課税ではない（相続や贈与の場合には同じように「A+Q」を基礎として相続税や贈与税がかかる）。つまり、このままだとAの部分についての譲渡所得課税ができなくなるので、理屈の上ではXが甲土地を取得した時にPに対してAの部分の譲渡所得に課税する必要が生じる（便宜上、ここではこのようにAの部分につきPに課税するやり方をP課税方式と呼ぶ）。

　他方、相続や贈与の場合と平仄を合わせるならば、XにPの取得

価格（Q）を引き継がせるということも考えられる。この場合はX
が甲土地を譲渡した時に「A＋B」について課税されることになる
（同様に、X課税方式と呼ぶ）。

　この２つの方法には、ともに難点がある。P課税方式をとる場合
には他人の時効が完成したことによって自分が土地の所有権を失う
ことが所得税法33条１項にいう「譲渡」にあたるかという文理上の
問題と、この状況でPに課税することが酷に過ぎるではないかとい
う同情論（「土地を失ったPにさらに税金までかけるのか！　これこそ泣
きっ面に蜂だ!!」）がありうる。他方、X課税方式をとろうとすると、
現行法60条１項１号が時効取得による資産の取得を対象に含めてい
ないという文理上の問題点と、時効取得が私法上は原始取得とされ
ていることとの折り合いをどのようにつけるかという法論理的な問
題点が生じる。

　これは一種の法の欠缺の状態であると言ってよいであろう。筆者
は、担税力の点から見て、所得税法を改正してX課税方式を採用す
るのが相対的に上手な解決方法ではないかと考えるが、読者はいか
がであろうか。

【第９講】

(1)　租税債権も私債権と同じ性質の「債権」であり、本来はこの両者
　を相殺することができると考えても、租税債権はきわめて多数の者
　を「債務者」として成立し、また、これらの債務者（納税者）はき
　わめて多数かつ多種多様な債権（国に売った商品の代金債権、国家公
　務員の給与債権、国家賠償請求が認められた債権等々を考えてみよ。）を
　国に対して有していること、とりわけ国に対する債権（国の債務）
　を取り扱っている国の機関は数多くに分かれて存在していることを
　考えると、会計技術の問題として、租税債権と国に対する金銭債権

との相殺を一般的に認めることは困難である。しかし、国税に限定すれば、国が納税者に負う還付金等の債務と国が同じ納税者に対して有する租税債権の存在や金額を確認し、それらを相殺することは可能であるのみならず、両者の二度手間を省くという観点から望ましいと考えられることから、「充当」が義務づけられていると考えられる。この問題についてさらに知りたいときは、**金子・869頁**を勉強すると良い。

(2)　配偶者控除や扶養控除が、人が健康で文化的な最低限度の生活を送るのに必要な部分の所得を課税対象から除くという趣旨であると考えるのであれば、Pが現実にQやRを扶養している以上、その控除を認めるのが実質論として適当である、との主張が一方でなされうる。

　　他方で、「配偶者」「親族」というのは民法上で確立した意味内容を有する概念（いわゆる借用概念）であるから、その意味内容は文理上明らかに異なると解される場合を除き、民法で用いられている意味内容と同じ意味内容のものとして租税法上も解釈されるべきであり、そうであるとすると、QやRは民法上の「配偶者」「親族」に該当しないので、Pは控除を受けられないと解する立場もありうる。このように解することが納税者にとって租税に関する予測可能性を確保し、また、課税庁にとっても扶養しているか否かの実質に踏み込むことなく簡明に制度を運用することができるという利点があると言えよう。

　　現在の判例、および、課税実務は後者の立場を採用している（参照、**ケースブック**§242.01、**判例百選**50番事件）。

【エピローグ】

(1)　間接税よりも直接税、とりわけ、所得を包括的に構成した所得税

が納税者の担税力に応じた公平な課税を実現するとともに、納税者に自覚的に納税させて民主主義の理念を実現するのに適していると考えたからである。少し長いが、原文から引用しておこう。この勧告にほとばしる情熱の一端を感じてもらえれば幸いである。

「現行日本税制に関して最も重要な問題は、日本の国民一般が政府を支えるために所得税をその主要な手段として利用するという試みを継続すべきか否かにある。

このような高遠な目的の真価については疑をいれない。もう一つの道は、一般国民が政府のためどれほどの寄与をしているか、その量をあいまいにし、寄与していることさえ気付かないようにしてしまう重い間接税の制度に帰えること[ママ]である。……その上、間接税では適正に所得や富の懸隔および家族負担の差異を考慮に入れることはできない。それは近代国家が必要とする高額の税を公平に徴収するにはあまりにも不完全な機構である。

……

所得税を財政制度の根幹とする試みは継続されなければならない。しかし、１年や２年ではその目的を達成する訳にはいかないことを覚悟しなければならない、われらが可能だと思う速度で進展したとしても、政府に対し盲目的に反感をもたせず、国民を市民的自覚に立たしめ、必要な税収を公平に分配するような所得税が日本で円滑に動く、弾力性ある財政機構になるのは５年或いは10年後のことであろう。しかし、こういつたからといつて、１年１年この方向へ堅実に前進することをやめていいという理由にはならない。」（原文は旧漢字）

（『戦後地方行財政資料別巻一　シャウプ使節団日本税制報告書』日本税制報告書31頁〜32頁）

(2) 何を「重要な改正」ととらえるかは人によって判断が異なるだろ

うが、たとえば、以下の諸改正をあげることができる。ここにあげたものだけでも、税制が生き物のように目まぐるしく変化していることが実感できる。

平成13(2001)年

・法人税法において、アメリカ法の考え方と類似する発想を取り入れた組織再編税制が整備された。

平成14(2002)年

・法人税に、一定の要件を満たす親会社・子会社の企業グループをひとつと見て課税することができる連結納税制度が導入された。

平成15(2003)年

・相続時精算課税制度の導入により「贈与税と相続税の一体化」が図られた。

・都道府県が課税する「事業税」は基本的に所得に課する税であったが、資本金1億円以上の大法人については「外形標準課税」として、所得以外の「付加価値」に対しても課税する制度が導入された。

・電子的な方法で納税申告を行なうe-Taxの制度が導入された。

平成18(2006)年

・国から地方に3兆円分の税源を移すため、所得税を減税して住民税を増税する改正が行なわれた。

・会社法の制定にともなって、法人税法が大改正を受けた。

平成19(2007)年

・新信託法の制定にともなって、所得税法、法人税法、相続税法などが大改正を受けた。

平成20(2008)年

・公益法人制度改革に対応して、公益法人税制が大改正を受けた。

平成21(2009)年

・日本の親会社が外国子会社から受け取る配当を、原則として非課税

とする制度が導入された。

平成22(2010)年

・法人税において100％の親子会社を一体のものと見て課税するグループ法人税制が導入された。

平成23(2011)年

・国税の調査、課税処分に関する手続に大きな改正が加えられた。

平成24(2012)年

・消費税の税率を国と地方の合計で８％に引き上げることとされた（実際の適用は平成26年４月１日以降）。

平成25(2013)年

・所得税の最高税率が45％に引き上げられた。

・相続税の基礎控除がこれまでの６割に引き下げられ、最高税率が55％に引き上げられた。

平成26(2014)年

・地方法人税が創設された。

・行政不服審査法の改正にともなって、国税通則法の関係箇所が改正された。

平成27(2015)年

・法人税の税率が23.9％に引き下げられた。

平成28(2016)年

・法人税の税率が23.4％に引き下げられた。

・法人税の税率が、平成30(2018)年から23.2％に引き下げられることになった。

・消費税の税率が7.8％（地方消費税の税率が2.2％）に引き上げられ、酒類を除く食料品等に適用される軽減税率制度が創設された（実際の適用は平成30年10月１日以降）。

平成29(2017)年

・配偶者控除、配偶者特別控除が大きく改正された。

・犯則調査手続が現代的な内容に大きく改正された。

平成30(2018)年

・給与所得控除と公的年金等控除が引き下げられ、その分だけ基礎控
　除が引き上げられた。

・基礎控除制度が大きく改正された。

・国際観光旅客税（出国税）が創設された。

・大法人（資本金1億円以上）に電子申告が義務づけられた。

令和元(2019)年

・森林環境税が創設された。

・特別法人事業税が創設された。

・ふるさと納税制度の見直しが行なわれた。

令和2(2020)年

・ひとり親控除制度が創設された。

・連結納税制度がグループ通算制度に変更された。

　なお、上記のリストでは、消費税の税率引き上げについてのみ実際
の適用時期を附記したが、実は、各年分の税制改正がいつ施行される
かは、個別に決められている（たとえば、令和元年改正で創設された森
林環境税の課税開始は令和6年度だし、令和2年改正によるグループ通算
制度の実施は令和4年4月1日以降に開始する事業年度からの適用で、ど
ちらも本書第4版の刊行時には、まだ施行されていない）。個別の制度の
施行時期は、財務省のサイト（https://www.mof.go.jp/tax_policy/tax_refor
m/outline/index.html）の税制改正の解説で調べることができる。

事項索引

あとがき

プロローグに先立つ２月の下旬、書店にて。

——先輩、「租税法」って本当にそんなに面白いんですか？

「うん、絶対、面白いって。次の学期に取ってみろよ。お勧め、
イチオシ。」

——でも、「民事執行法」とか「経済法」とか、ほかにも取りた
　い科目がかなりあるんだよね。

——勉強するかどうか決めるのに、「租税法」の内容がパッと分
　かるような本ってありませんか。

「あるよ、たとえば、金子宏ほか著『税法入門〔第７版〕』（有斐
閣・2018）、っとこの本。」

　（と書棚から１冊の本を抜き出して手渡す。）

——（パラパラと目次を見ながら）先輩、「租税法」の授業では、
　ザッというと、どんなことを習うんですか？

「えっと、租税法の基本原則とか、租税法の解釈と適用とか、他
に、所得税、法人税。相続税と贈与税はやったりやらなかったり
らしい。消費税はやるな。国際課税もやることがあるって聞いた。
あと、賦課徴収の手続なんかかな。まあ、そんなところだ。」

——それって、だいたい、この本の目次と一緒ですよね。

「そりゃそうだろ。まずこういう簡単な新書判とかの本で全体像
をザッと理解して、それから詳しい教科書を読むと効率がいいし、
そうなると、たいていの本は教科書の目次にそって書くことにな

るんじゃないか。」

──ぶ〜、教科書みたいなのを何度も読むなんて信じられない。

「だって、良い本だぞ。カバーの折り返しにも『入門書の決定版』と書いてある。コンパクトで、全体像が分かって、基礎知識が体系的に得られて。だいたい、租税法を勉強しようという者がだなあ……。」

──ストップ。だからぁ、あたしたちは、まだ「租税法を勉強する」って決めてないんだってば。

──なんか、こう、租税法を勉強するかしないか、決めるのに役に立つような本はありませんか？　入門の入門書、みたいなやつ。

「（別の新書本を手に取って）えっと、こっちの本も、『第1章　所得税』『第2章　法人税』『第3章　消費税』……って順番か。」

──それも、ミニ教科書みたい。「勉強する」と決めてから読む本ってことか。

──これはどうですか、『プレップ租税法』。新書より大きいけど字も大きいから、大したことないみたい。行間もスカスカですし。

「えっ？　その本、オレのときにはなかったから知らない。」

──「はしがき」には、「租税法の観光名所案内」で、「０冊めに読む租税法の本」と書いてあります。

「どれどれ、ふ〜ん、見たことがないような目次だな。……おっ、各講ごとに自習問題がついてる。……プロローグの、これはやさしいな。『租税法と信義則』に『所得分割』か。」

——先輩、これはどうですか。「おじいさんが亡くなって財産が遺されたときに、税金のことが何も分からないおばあさんが自分の相続税の納税義務をきちんと果たすためには、どうすればよいだろうか？」

「……（考え込んでいる）……。」

——あ、これ、解答例が付いてるんですね。

——「おばあさんが『プレップ租税法』を買って勉強する」って書いてあったりして。

——それじゃ、「解答例」じゃなくて広告か、せいぜい「使用例」でしょ。

——ねえ、いつまでも考えてないで、もう、答え見ちゃおうよ。

「そうだな、えっと『解答のてびき』は281頁っと。

　……………………………………。」

——先輩、先輩ってば、ちょっと大丈夫ですか。

——固まってる……。

——よほど画期的な答えだったみたい。

——ねぇねぇ、そんなに難問だったの？

「……う、違う。これは法律学の答えではない。トンチ問答だ。」

——えっ、（と巻末の「解答のてびき」を一緒にのぞき込む。）ほんとだ。

——ほら、いつまでも固まっていないで、お昼食べに行こうよ。期末試験の打ち上げだからおごってやるって言ってたでしょ。あたし、もう、お腹ペコペコ。

——先輩、わたし、その本買いますから、買って読み終わったら

先輩にもお貸ししますから、ね、行きましょう。

「じゃあ、そうするか。なまじ租税法の知識が色々あるから考え
ちゃうんだな。たしかにこれはキミたちくらいにちょうどいい本
かも知れない。」

──あ、なんかムッとくる言い方。ねぇ、あたしに先に貸してよ
　ね。あたしも読むンだから。どうせ読むなら、選択科目のガイ
　ダンスまでに読んどきたいもんね。

──いいわよ、どう見ても一晩か二晩で読めそうだものね。

　（と、『プレップ租税法』を取り上げて。）

──じゃ、レジに行って来るね。

（プロローグへ続く……）

佐藤英明

　1962年福岡県福岡市生まれ、東京大学法学部卒業。神戸大学教授を経て、2011年から慶應義塾大学教授。専門は所得税など。主著に『スタンダード所得税法［第2版補正2版］』（弘文堂・2020）がある。

　「こんな面白いものを勉強せずに法学部や法科大学院を卒業するのはもったいない」という租税法フリークのお節介から『ケースブック租税法［第5版］』（共編著・弘文堂・2017）や『租税法演習ノート［第4版］』（編著・弘文堂・2021）、『租税判例百選［第7版］』（共編・有斐閣・2021）などの学習書に時間を割いてきた流れで「租税法を勉強する人を増やすきっかけになれば」と考え、実力も顧みずに、つい『プレップ租税法』の執筆をお引き受けしてしまいました（2006年1月24日）。

　日頃から愛読している数百冊のコミックスに加え、『会長の切り札』『藤堂家はカミガカリ』などのライトノベルを読みながら書いたのがマズかったのか、登場キャラのおしゃべりが止まらなくなって分量が膨れ上がり、一旦書いたところを泣く泣く捨てたりした末にやっとできあがったのが本書です（それでもまだ内容の割に分厚い！）。「ナカ兄に関心を示す姫」とか、「タバコ屋のおばあさんの再登場」とか、書き足りないところがまだたくさんありますが、そういうアイディアは、またいつか、どこかで役に立ってくれることでしょう。

　本書を読んで「租税法って面白そうだ」と思っていただけた上に、ごひいきのキャラができるようだったら、最高ですね。

プレップ租税法〔第4版〕　　　　プレップシリーズ

2006（平成18）年9月30日	初　版1刷発行	
2010（平成22）年12月30日	第2版1刷発行	
2015（平成27）年10月30日	第3版1刷発行	
2021（令和3）年3月15日	第4版1刷発行	

著　者　佐藤英明
発行者　鯉渕友南
発行所　株式会社　弘文堂　　101-0062　東京都千代田区神田駿河台1の7
　　　　　　　　　　　　　　TEL 03(3294)4801　振替 00120-6-53909
　　　　　　　　　　　　　　https://www.koubundou.co.jp

装　丁　青山修作
印　刷　三美印刷
製　本　井上製本所

© 2021 Hideaki Sato. Printed in Japan

ISBN978-4-335-31331-8

弘文堂プレップ法学

これから法律学にチャレンジする人のために、覚えておかなければならない知識、法律学独特の議論の仕方や学び方のコツなどを盛り込んだ、新しいタイプの"入門の入門"書。

*印未刊